Noms d'oiseaux

L'insulte en politique
de la Restauration à nos jours

DU MÊME AUTEUR

Le Roi et les barricades : une histoire des 5 et 6 juin 1832, Seli Arslan, 2000

Dictionnaire des utopies, en codirection avec Michèle Riot-Sarcey et Antoine Picon, Larousse, 2002

Meetings et alcôves : gauches et sexualités en Europe et aux États-Unis depuis 1850, en codirection avec Jesse Battan et Tania Régin, Éditions universitaires de Dijon, 2004

L'Insulte (en) politique. Europe et Amérique latine du XIXe siècle à nos jours, en codirection avec Matthew Leggett, Geneviève Verdo et Jean Vigreux, Éditions universitaires de Dijon, 2005

Un jeudi à l'Assemblée : politiques du discours et droit au travail dans la France de 1848, Nota Bene, 2007

Thomas Bouchet

Noms d'oiseaux

L'insulte en politique
de la Restauration à nos jours

Stock

Ouvrage publié sous la direction de
Véronique de Bure

ISBN 978-2-234-06313-6

© Éditions Stock, 2010

INTRODUCTION

Du Salon aux Chambres

Tandis que l'un arpente à grands pas les allées du Salon, l'autre est debout dans la foule que fend le cortège. Le premier passe à la hauteur du second, esquisse dans sa direction le geste cent fois répété déjà d'une poignée de main, s'arrête net : l'autre vient de lui signifier grossièrement qu'il ne veut pas se « salir » par ce contact. Un instant de flottement… « Cass'toi alors, pauv'con », lâche l'offensé qui, blême, poursuit son chemin (Salon de l'agriculture, samedi 23 février 2008).

Cet échange si trivial aurait peu d'intérêt s'il n'impliquait pas le président de la République : c'est Nicolas Sarkozy qui tutoie l'inconnu, fait usage à son encontre de termes pour le moins familiers (vulgaires ?), articule les six pauvres syllabes d'une réplique reformulée ensuite à l'envi par des médias en un « cass'toi pauv'con » mieux rythmé.

L'algarade laisse la majorité présidentielle en général silencieuse. Elle déclenche dans les rangs de l'opposition de gauche et au-delà une vague de protestations indignées ou condescendantes : est-il acceptable, demandent les uns, qu'un chef de l'État dans l'exercice de ses fonctions – au vrai, la visite au Salon de l'agriculture est un important rendez-vous politique – contribue ainsi à la dégradation des mœurs politiques ? Les années de Gaulle, Mitterrand ou Chirac s'éloignent, ironisent les autres...

Le président de la République et ses conseillers retiennent la leçon du Salon. Depuis lors, et jusqu'à présent, Nicolas Sarkozy ne s'aventure en public dans aucun nouvel échange verbal de ce genre. Et gare à l'imprudent qui remobiliserait l'expression. Pour avoir brandi le 28 août 2008 au passage de la voiture présidentielle une affichette portant l'expression : « Cass'toi pauv'con », un opposant lavallois fait l'objet de poursuites. « Lorsqu'on insulte le président, on insulte l'institution », explique le procureur à l'audience du 23 octobre. Le prévenu encourt une amende de mille euros. Il est condamné à trente euros avec sursis. Il fait appel. La cour d'appel d'Angers confirme la peine en mars 2009. Il envisag de se pourvoir en cassation, voire de saisir la Cour européenne des droits de l'homme.

* * *

« Pauv'con ! », « Menteur ! », « Napoléon le Petit ! », « Ruraux ! », « Caserio ! », « Mao-staliniens ! » L'épisode du Salon et ses suites s'inscrivent dans une très riche histoire de l'insulte en politique. La pratique est régulièrement attestée dans un espace public qui a résonné et résonne encore d'assauts verbaux, de noms d'oiseaux désobligeants, dévalorisants, humiliants. Certains se retiennent sans mal, s'imposent à l'attention des contemporains, défient le temps. D'autres dépérissent vite. Chaque semaine ou presque en apporte de nouveaux. Et pourtant, l'insulte ne se laisse pas saisir si facilement.

Contrairement aux apparences, il y a dans l'insulte bien davantage que des mots. Si certaines formules témoignent d'un réel talent dans l'invention verbale ou tiennent une place notable dans la dynamique d'un conflit, on serait bien en peine d'élaborer un lexique de l'insulte : tout mot peut *a priori* faire l'affaire s'il s'inscrit dans un contexte favorable. L'expression des visages, les phrases qui précèdent et qui suivent la profération, les enjeux politiques du moment cimentent le processus. Par ailleurs, dans la relation triangulaire que suppose l'insulte, ce sont notamment les cibles et les tiers (témoins, proches, journalistes, juges…) qui qualifient l'attaque. Or leurs seuils de tolérance sont variables. L'auteur de l'insulte ne sait jamais s'il touchera juste. Une fois le mécanisme enclenché, il ne peut pas en prévoir à coup sûr les suites. Les paroles prononcées peuvent être étouffées, contrées, relayées, gonflées, transformées, accueillies par le silence, par la dénégation, l'ironie ou le rire, par une insulte en retour, par la menace ou le déclenchement de poursuites, par des coups. Insulter, enfin, ce peut être répondre à une insulte et, dans ce cas, il est indispensable de dévider le fil de la violence verbale, parfois loin en amont. Un très grand nombre de paramètres entrent donc toujours en ligne de compte.

S'occuper d'insulte, en outre, ne va pas de soi. Elle a plutôt mauvaise presse. Souvent familière, parfois vulgaire voire ordurière, elle enfreint les règles de la bienséance. N'a-t-elle pas quelque chose d'indécent quand elle met à vif des passions et des émotions assez inavouables (de la colère, de la haine, de la honte), que nous avons plutôt coutume de taire ? Lorsqu'elle brise le dialogue, sape la relation politique, elle entraîne des réactions de gêne ou de rejet. Car elle peut faire très mal. Au sens propre, insulter signifie « sauter sur ». L'insulte qui fait mouche a pour effet de dénier à l'adversaire son nom propre pour lui en imposer un autre, qui le rabaisse. « Le ridicule est comme la peste ; on s'éloigne de ceux qui en sont atteints », se souvient après coup le député Viennet qui sous la monarchie de Juillet est sans cesse comparé à « un âne, mais un âne vrai, à quatre pattes, à longues oreilles ». En 1904, Jean Jaurès confie à Jules Renard tandis que de violentes attaques pleuvent contre lui : « Je les sens tous, là, prêts à m'insulter dans ma femme ou dans ma fille. Je reçois des lettres d'ordures. Je sens grimper les limaces. » Et à l'inverse les insultes plus inoffensives et plus amusantes ne dégradent-elles pas la vie politique en politique spectacle, joute pour beaux parleurs futiles ou cyniques ?

Le foisonnement désordonné de l'insulte en politique pose un troisième problème. Pour espérer saisir dans toutes ses dimensions cette pratique si volatile, il faudrait la traquer sur plusieurs fronts : manifestations et meetings, arrière-salles des cafés, marchés, travées et tribunes des assemblées, studios d'enregistrement des émissions de radio, plateaux de télévision, etc. De plus, si l'insulte est au premier chef verbale (certains linguistes la considèrent comme la forme proprement verbale de l'injure), elle prend aussi d'autres apparences. Un geste, une formule écrite de journaliste, un dessin de caricaturiste peuvent être insultants. D'où la nécessité de circonscrire quelque peu l'étude.

* * *

« Lâche ! Excrément ! Pied ! Allemand ! Gland de potence ! Baron d'mes deux ! Zola ! Gâteux ! Juif ! Moule à claques ! Olibrius ! Fœtus ! Déflaque ! Dreyfus ! […] (*On passe à l'ordre du jour*). » Drôlerie et violence… Cet extrait de « La séance est ouverte », une chronique rimée composée par Raoul Ponchon en

1898 (au plus fort, donc, de l'affaire Dreyfus), nous fait pénétrer dans l'enceinte parlementaire, le terrain choisi pour cette enquête. Les Chambres sont en effet un bon observatoire pour comprendre certaines violences codées ou débridées du conflit politique. Grâce à Jacques-Antoine Manuel et à Victor Hugo, à Georges Clemenceau et à Léon Blum, à Gaston Defferre et à Dominique de Villepin, et à bien d'autres encore, il s'agira ici de poser quelques jalons à la fois chronologiques et thématiques pour une histoire parlementaire de la France contemporaine par l'insulte.

Reste à savoir quel chemin emprunter. Les comptes rendus de séances au *Moniteur universel* puis au *Journal officiel* livrent une foule d'éléments. Ils ne permettent pas pour autant à eux seuls d'entrer dans le vif des affrontements. Le texte final des comptes rendus résulte en effet d'un travail d'euphémisation et de lissage. Lorsque Balzac souligne que « la vraie séance n'est nulle part, pas même dans le *Moniteur* » (*Monographie de la presse parisienne*, 1843), lorsque Péguy laisse entendre que les sténographes du *Journal officiel* « ne peuvent saisir qu'une image pauvre et pour ainsi dire linéaire de débats tumultueux et nombreux de personnages » (*Cahiers de la quinzaine*, 1903), ils indiquent tous deux que la fulgurance d'une profération est prise d'emblée dans les logiques de la reformulation, de l'instrumentalisation ; elle y perd une partie de son éclat d'origine. D'où l'utilité de la presse, des témoignages, des mémoires des contemporains. Une fois ces sources rassemblées et mises en relation on peut enfin tendre l'oreille.

1

L'insulte en questions

Tendre l'oreille... mais très vite, le désordre et la cacophonie l'emportent. Des insultes jaillissent de tous les côtés, sous diverses formes, sur tous les tons. D'où un effet de saturation : la presse rapporte des (dizaines de) milliers de noms d'oiseaux lancés de la tribune, des travées ou des bancs des assemblées depuis la chute du Premier Empire. Il serait long, fastidieux et surtout inutile d'en faire un recensement systématique. Mieux vaut donc une série d'études de cas liées entre elles, coups de sonde au fil d'une longue histoire.

Échelonnés entre le milieu de la Restauration (1823) et la fin du second mandat présidentiel de Jacques Chirac (2006), une douzaine d'épisodes sélectionnés sont décrits dans leur déroulement, analysés en fonction de leurs originalités respectives, replacés dans les contextes qui leur donnent sens. Certains sont bien connus (Victor Hugo contre « Napoléon le Petit » en 1851 ; Xavier Vallat contre le « Juif » Léon Blum en 1936) ; d'autres beaucoup moins. Si les protagonistes comptent parfois parmi les ténors de la vie politique française de ces deux derniers siècles, ce sont le plus souvent des hommes plus obscurs. Qui se souvient de La Bourdonnaye ou de Chauvelin (Restauration), de Viennet ou de Fruchard (monarchie de Juillet), de Goudchaux ou de Lagrange (IIe République), de Benoist d'Azy ou du comte de Bernis (IIIe République), de Bonte ou de Calas (IVe République), de Jean-Marie Daillet ou de François d'Aubert (Ve République) ? Quant à la diversité des mécanismes d'insulte, elle donne une idée de ce qui peut se jouer lorsqu'elle fuse, et avant, et après : quoi de commun entre le mot de trop lâché par un Michel Goudchaux qui se confond en excuses (1848) et les coups de boutoir assénés plusieurs jours durant par plus d'une douzaine de députés communistes (1947) ?

L'un des objectifs de ce parcours historique est donc de saisir la singularité de chaque situation d'insulte pour éclairer sur les diverses manières dont cette pratique s'inscrit dans le temps de l'action politique. Il n'est pas évident de comprendre pourquoi l'assaut fait dans certains cas long feu et pourquoi l'onde de choc peut à l'inverse s'inscrire durablement dans une dynamique de conflit plus large ; pourquoi l'insulte est tantôt un jaillissement inédit et tantôt la reprise modulée d'insultes déjà dites ; en quoi l'étude de l'insulte aux Chambres sur une longue durée aide à caractériser certaines inflexions notables dans l'histoire parlementaire et politique de la France postrévolutionnaire. Les cartes ont assurément été redistribuées entre autrefois et aujourd'hui et les situations d'insulte dans les assemblées de la première partie du XIXe siècle ont pour le lecteur d'aujourd'hui quelque chose d'exotique. Les députés d'autrefois et les députés d'aujourd'hui ne se ressemblent guère. Ils sont environ quatre cent cinquante pendant la monarchie censitaire, environ neuf cents sous la IIe République, un peu moins de sept cents sous la IIIe, un peu plus de cinq cents sous la IVe, un peu moins de six cents aujourd'hui. Leur formation, leur rôle politique, les sources de leur légitimité, leurs façons de s'exprimer ou de s'habiller en séance ont profondément évolué. Leur fonction s'est professionnalisée. La montée en puissance des partis politiques et des groupes parlementaires leur a enlevé une partie de leur autonomie. Des femmes ont rejoint les hommes à partir de la IVe République. Le règlement intérieur des Chambres s'est transformé. Les règles générales du débat politique se sont métamorphosées. Il va de soi que l'histoire de l'insulte s'en ressent.

* * *

Et pourtant, il y a un air de famille entre les attaques verbales d'alors et leurs lointaines descendantes actuelles. Pour faire la part des permanences et des évolutions dans cette histoire, les comptes rendus de séances et les commentaires qu'elles suscitent se révèlent infiniment plus riches, infiniment moins austères qu'ils n'en ont l'air. Ils fourmillent d'informations et d'aperçus de tous ordres. Leur lecture soulève une foule d'interrogations. En voici quelques-unes, pour lesquelles on aimerait apporter quelques éléments de réponse à la fois chemin faisant et en fin de parcours.

Insulter, mais pourquoi ? Quand un (ou plusieurs) député(s) abandonne(nt) pour un moment le terrain du débat policé pour placer une attaque directe et brutale contre un (ou des) adversaire(s), est-ce en général par calcul politique, pour le plaisir de troubler ou de nuire, par manque de contrôle de soi, par haine ? Si calcul politique il y a, on aimerait comprendre lequel : l'insulte est-elle plutôt une arme défensive pour se sortir d'une situation difficile ou une arme offensive pour prendre l'ascendant, pousser son avantage, voire donner le coup de grâce ? Peut-elle servir à renforcer, par la stigmatisation de l'autre, la cohésion du groupe auquel on appartient ? Pourquoi y a-t-il, en outre, des périodes de pointe dans l'histoire de l'insulte qui est tout sauf linéaire ? On dirait – mais il faudra s'en assurer – que les phases de prolifération sont le plus souvent liées à un contexte de tension politique, à la mise en débat de questions sensibles (on peut songer ici à l'héritage de la Révolution française, au statut de la presse, à l'attitude vis-à-vis de l'Allemagne…), mais qu'on a parfois aussi affaire à une génération spontanée de l'insulte, imprévisible, dissociée de tout enjeu politique immédiat. Et d'où vient enfin que certains députés, certains groupes, certaines familles politiques – en général situés aux extrémités de l'échiquier politique – se distinguent dans la pratique de l'insulte tandis que d'autres – en général plus au centre – font souvent office de cibles ?

Insulter, mais comment ? Si le vocabulaire de l'insulte est extensible à l'infini ou presque (« misérable ! » ; « ruraux ! » ; « marsouin ! »), certains termes sont à première vue plus employés que les autres. Dans ce cas, ont-ils une tonalité spécifique dans l'univers parlementaire ? C'est ce qu'il faudra vérifier, par exemple, pour les appellatifs « lâche ! » et « menteur ! », qui semblent particulièrement bien représentés depuis la Restauration. Et puis que cherche-t-on le plus souvent à atteindre chez l'adversaire ? Son apparence physique ? Ses orientations morales ou religieuses ? Ses aptitudes intellectuelles ? Ses idées et ses choix politiques ? *Quid* des insultes xénophobes, antisémites, ou sexistes ? *Quid* de l'insulte à caractère scatologique ? *Quid* de l'animalisation de l'adversaire ? Quelles relations entretiennent l'insulte et l'humour, l'insulte et le talent ? L'expression « belle insulte » a-t-elle un sens ?

L'attaque est-elle plus efficace lorsqu'elle émerge sans fracas au sein d'un discours bien structuré ou lorsqu'elle prend la forme d'une interruption fougueuse et ponctuelle ? Et encore : est-il fréquent qu'on insulte sans le vouloir, ou qu'à l'inverse on cherche à insulter sans y parvenir ?

Insulter, mais pour quoi faire ? Car, en fin de compte, il est légitime de se demander si les insultes servent à quelque chose, si elles peuvent modifier une réputation, modifier les contours d'une majorité, influer sur la prise de décision ; désamorcer la violence physique, ou au contraire l'alimenter. Sont-elles plutôt facteur d'union ou de désunion ? Quelle est, autrement dit, leur place dans la panoplie bien fournie de l'affrontement politique ? Selon les uns, elles permettent l'indispensable et salutaire opposition frontale des opinions au Parlement ; selon les autres, elles ont à l'inverse pour effet de saper les règles de l'éloquence délibérative, de fragiliser le jeu parlementaire, de faire le lit de l'antiparlementarisme...

* * *

Irrigués par toutes ces questions, les chapitres successifs de *Noms d'oiseaux* ne sont donc pas indépendants les uns des autres. Ils se répondent et se font écho. Chacun aborde des problèmes d'ordre général et aide à soulever un petit coin du voile. Chacun met l'insulte en question. Ce qu'il s'agit de comprendre un peu mieux, c'est le fonctionnement, la portée et les évolutions d'une manière de faire de la politique – ou de faire semblant d'en faire. C'est pourquoi plusieurs histoires s'entremêlent au fil des pages, histoires faites de moments de tumultes et parfois de coups, rythmées par des articles assassins ou des souvenirs nostalgiques, des morceaux de bravoure et de lamentables ratés. Au-delà, l'étude des processus d'insultes informe sur la nature des liens qui se tissent entre les Chambres et d'autres instances de l'action politique : la presse, la rue... Car l'hémicycle n'est pas un milieu clos. En théorie, c'est le temple de l'éloquence courtoise, du débat mesuré et argumenté. En pratique, il est perméable aux excès verbaux, écrits ou gestuels qui scandent la vie politique des deux derniers siècles. Le modèle de la raison parlementaire est en concurrence avec les logiques de la confrontation, les polémiques, les altercations rugueuses, brutales et viriles – car, comme on le verra, l'insulte est essentiellement une affaire d'hommes. Mais trêve de préliminaires : le moment est venu de s'approcher au plus près de ce savoureux mais inquiétant objet d'histoire.

2

La Révolution dans l'hémicycle
Violence courtoise de l'insulte
(1823)

« Ai-je besoin de dire, avance le député libéral Jacques-Antoine Manuel à la tribune de la Chambre des députés le 26 février 1823, que le moment où les dangers de la famille royale sont devenus plus graves, c'est lorsque la France révolutionnaire a senti qu'elle avait besoin de se défendre par une forme nouvelle, par une énergie toute nouvelle... » Il ne peut achever sa phrase. Une tempête se déclenche instantanément sur les bancs de la droite. Elle ne s'apaise qu'avec l'expulsion de Manuel, plusieurs jours plus tard. On peut s'étonner aujourd'hui de l'impact de la formule « forme nouvelle » – car, comme on le verra, ce sont précisément ces deux mots qui mettent le feu aux poudres. Pourquoi une telle charge de scandale aux yeux de la droite ? Les réactions de la majorité royaliste, et notamment celles des ultraroyalistes (plus du tiers des députés), sont à mettre en relation avec l'actualité encore brûlante du passé révolutionnaire dans les premières années de la Restauration, sous le règne de Louis XVIII, sous le signe de l'alliance entre le trône et l'autel.

« C'est horrible »

Les colonnes du *Moniteur universel* bruissent le 27 février de la tempête du 26. Le compte rendu de la séance livre de nombreux indices de la crise : « *À droite* : c'est une infamie ! » ; « *Le tumulte est extrême* » ; « C'est horrible ! » ; « Il n'est pas possible d'entendre de pareilles horreurs ! » ; « Nous ne voulons pas entendre des horreurs ! » Les députés outrés joignent le geste à la parole : « *La plus grande partie des membres de la droite se lèvent.* » Et, un peu plus tard : « *[...] la plupart des membres de la droite quittent leurs bancs et se retirent dans les couloirs.* »

Tout se passe comme si les propos de Manuel étaient pour la droite à proprement parler intolérables, comme s'ils suscitaient une douleur physique. D'où cette volonté presque furieuse de réduire l'orateur au silence. « Il faut, hurlent plusieurs députés, le faire descendre de la tribune !... Ôtez-lui la parole ! » Après quelques minutes d'un indescriptible tumulte, Manuel s'apprête à reprendre le fil de son discours, mais leurs cris redoublent : « Non ! Non !... À bas ! À bas !... » Interdit de parole par la majorité, il tente de contourner l'obstacle et demande au président de séance Ravez de lire quelques mots de justification qu'il vient d'écrire : « Non ! Non, pas de lettre ! Nous n'en voulons pas ! »

Les députés les plus déterminés remportent entre le déclenchement de la tempête et la fin de la séance une série de victoires contre Manuel. D'abord, le président Ravez se coiffe de son chapeau (il se couvre), ce qui conduit, conformément au règlement intérieur, à quinze minutes d'interruption. Mais la crise redouble à la reprise des débats ; le président décide une nouvelle interruption, d'une heure cette fois. L'heure se passe en conciliabules dans la salle des séances, dans les couloirs et dans les bureaux. Les ultras tâchent de rallier à leur croisade les constitutionnels, royalistes plus modérés. Quand les députés regagnent la salle la tension remonte en flèche : « Puisqu'il n'est pas de mon pouvoir de rétablir le calme dans la Chambre, conclut Ravez, la séance est levée. » Il est seulement 16 h 45. Tandis qu'ils se séparent, les députés ultras sont partagés entre l'exultation et la colère. Deux déclarations résonnent sans doute encore à leurs oreilles : « Je demande à venger la France » (Hyde de Neuville) ; il faut que la Chambre « expulse de son sein » l'homme qui a osé l'insulter si outrageusement (Forbin des Issarts).

La séance du 26 trouve des échos directs le 27. *La Quotidienne* (royaliste) ou *Le Constitutionnel* (libéral) reviennent sur les faits, mettent en avant la formule incriminée, hésitent : Manuel a-t-il dit « formes » ou « forces » ? La seconde option atténuerait la portée de l'attaque. Chacun insiste en tout cas sur l'intensité de la crise. *La Quotidienne* rapporte qu'en dernière partie de séance les députés de droite ont très concrètement pris leurs distances : ils ont laissé « un large espace entre eux et le côté gauche ».

Expulser Manuel

Les ennemis de Manuel atteignent leur but à l'issue de plusieurs séances très orageuses fin février et début mars. Le député La Bourdonnaye, l'un des porte-parole les plus virulents de l'ultraroyalisme, se fait l'avocat d'une sanction exemplaire. Dans le discours qu'il prononce le 27, il demande à plusieurs reprises à la Chambre d'« exclure » et d'« expulser » Manuel. La Bourdonnaye entre ensuite dans la commission de neuf députés chargée d'instruire l'affaire – à ses côtés siègent par exemple Hyde de Neuville et Forbin des Issarts, ce qui laisse présager de l'état d'esprit de la commission. Il est désigné rapporteur par ses collègues.

Il ferraille contre une opposition libérale qui dénonce une confusion des rôles et qui voit dans la proposition de La Bourdonnaye « l'ouvrage d'une faction » ; Girardin, l'auteur de cette interpellation, est rappelé à l'ordre par le président qui voit là une « insulte » à la commission et à son rapporteur.

Le rapport, présenté et discuté en séance le samedi 1er mars, est imprimé et distribué. Les débats sur ses conclusions sont menés tambour battant deux jours plus tard en séance publique et générale. Des amendements sont discutés ; les constitutionnels, plutôt hostiles à Manuel, se tiennent néanmoins quelque peu en retrait ; les libéraux, eux, s'indignent. Hors de la Chambre aussi, des voix réprobatrices se font entendre. L'académicien Népomucène Lemercier confie à la presse qu'il était dans les tribunes de la Chambre le 26, qu'il a assisté au discours de Manuel, que ses paroles n'avaient selon lui rien d'insultant, que « ni le geste, ni le maintien, ni les inflexions de la voix du député n'ont contredit [ses] expressions écrites » (*Le Constitutionnel*, 3 mars). Finalement, et sans surprise, *Le Moniteur* rapporte que « la Chambre [adopte] à une très forte majorité la proposition de déclarer que monsieur Manuel sera exclu des séances de la Chambre pendant la présente session ».

L'examen des séances montre que si les libéraux défenseurs de Manuel ont tant de peine à se faire entendre au fil des séances, c'est parce que les ultras opposent un refus catégorique à toute tentative de rappel des expressions incriminées. Après avoir écouté la mort dans l'âme les mises au point de Manuel le 27 février, ils se raidissent. Selon Hyde de Neuville, il ne faut surtout pas « qu'un pareil souvenir ait un lendemain » tandis que La Bourdonnaye se refuse à rappeler les mots de Manuel : « Je craindrais d'en renouveler le scandale » (27 février). Le 28, Manuel renonce à la parole sous une pression très hostile : « Levez la séance !... Vous ne nous forcerez pas à l'entendre !... Allons-nous-en ! »

L'épisode suivant se déroule le 4 mars. Manuel refuse de se plier à la mesure d'exclusion. Plaçant ses pas dans ceux de Mirabeau, il déclare au président : « J'ai annoncé hier que je ne céderais qu'à la violence ; aujourd'hui je viens tenir parole. » Une procédure d'expulsion est alors engagée. Le député est soutenu physiquement par les libéraux, qui font corps autour de lui. La garde nationale, appelée par le président pour s'emparer de Manuel, refuse d'obéir aux ordres. C'est donc la gendarmerie qui se charge de la besogne, d'où des bousculades, des protestations enflammées, une grande confusion. Une soixantaine de députés de gauche quittent la salle aux côtés de Manuel, puis rédigent une protestation destinée à être rendue publique à la séance du lendemain. La majorité en empêche la lecture. Les signataires cessent à cette date de participer aux séances de la Chambre.

La matrice révolutionnaire et le spectre du régicide

« Formes nouvelles » fait donc insulte, et au plus haut point. La droite répond à la formule intolérable par la violence de l'expulsion *manu militari*. Il reste à comprendre pour quelles raisons ce processus prend des formes si extrêmes.

Le débat du 26 février porte sur l'intervention militaire française en Espagne. Le roi Louis XVIII, le président du Conseil Villèle (un ultraroyaliste) et le nouveau ministre des Affaires étrangères Chateaubriand en sont partisans. Lors du débat à la Chambre sur les crédits à allouer à l'intervention, l'opposition libérale ne cache pas sa profonde hostilité à l'idée de prêter main-forte à un roi ennemi des libertés – Ferdinand VII – contre les libéraux espagnols. C'est à ce titre que Manuel intervient ce jour-là. Il place des attaques très directes contre le gouvernement de Ferdinand, qu'il qualifie d'« atroce ». Des voix s'élèvent alors à droite : « C'est insulter un gouvernement établi ! » Puis vient sa mise en garde : pour montrer qu'une intervention étrangère est un facteur de déstabilisation grave pour tout régime en place, il évoque des précédents, puis il établit un parallèle avec la France de la Révolution.

C'est là que 1793 refait surface. Son fantôme a souvent réapparu pendant les premières années d'une Restauration inscrite malgré elle dans le sillage de la Révolution française. Les députés de 1823 sont nombreux à savoir que trente ans plus tôt, à la Convention, tandis que la France guerroyait contre les puissances étrangères, certains débats prenaient un tour extrêmement brutal. Voici par exemple la séance du 10 avril 1793, à replacer dans le contexte direct de la trahison de Dumouriez, et où les adversaires s'adressent des bordées d'insultes. « Vous êtes des scélérats ! » (Danton) ; « Cette opinion factice est comme le croassement de quelques crapauds » (Guadet, qui se fait alors traiter de « vil oiseau » par Marat) ; puis Robespierre dénonce « les traîtres de l'intérieur » et Vergniaud, directement visé, contre-attaque : « Nous, modérés ! Je ne l'étais pas le 10 août [...] Robespierre, lorsque tu étais caché dans ta cave ! »

Mais si Manuel connaît le sort que l'on sait, si le député libéral Chauvelin est très vivement pris à partie lorsqu'il s'apprête à prendre la parole le 26 février (« Plus d'orateurs révolutionnaires ! » s'écrient les royalistes), c'est pour une raison plus précise encore. Mettre en garde contre les conséquences d'un appel à l'étranger, n'est-ce pas justifier les « formes nouvelles » prises par l'élan de la Convention pour lutter contre les armées des cours européennes appelées par Louis XVI ? Nous y sommes donc : de la justification de la politique militaire de la Convention à la stigmatisation de la trahison de « Louis Capet » et à l'apologie du régicide, le pas est franchi selon la droite royaliste.

Le régicide ! Louis XVI a été guillotiné le 21 janvier 1793. Les royalistes accusent Manuel d'attenter trente ans plus tard à ce qu'il y a de plus sacré : la mémoire du roi martyr. Tel est le « scandale », l'« attentat » dénoncé par La Bourdonnaye le 27 février, puis par la commission. L'insulte suprême, en somme. Manuel s'en défend vigoureusement mais en vain dans la lettre justificative qu'il fait paraître au *Moniteur* du 27 février. « Je ne veux point qu'il soit permis, même à la mauvaise foi, de me soupçonner l'absurde projet d'insulter lâchement, sans motif, sans intérêt, aux malheurs d'augustes victimes, dont la destinée affligea tous les cœurs généreux. »

Monarchie, charte, parlementarisme

Le spectre de 1793 trouble en vérité les deux camps adverses : les royalistes ultras sont partagés entre volonté d'oubli et ressassement ; les libéraux se montrent beaucoup moins à l'aise avec le souvenir de la Convention qu'avec celui de la Constituante. La Chambre des députés est l'un des lieux où ce rapport complexe avec le passé s'exprime le mieux. La non-validation en 1819 de l'élection d'Henri Grégoire (l'abbé Grégoire), un conventionnel considéré par les royalistes comme un partisan actif du régicide, en est une bonne illustration. Un peu plus tard (1820), l'assassinat du duc de Berry par Louvel rouvre les plaies et les avive, car seul le duc pouvait donner un héritier à la branche aînée des Bourbons. L'annonce de la grossesse de la duchesse de Berry, peu de temps après l'assassinat, fait renaître l'espoir. Mais le traumatisme demeure. Châtier Manuel, c'est donc défendre une monarchie menacée par l'esprit criminel de la révolution. Tel est le sens de la manifestation qui se produit en fin de séance du 26 février et que rapporte *Le Moniteur* : « Un grand nombre de membres de la droite se lèvent au cri de "Vive le roi !" Ce cri est répété dans toute cette partie de la salle. »

L'antagonisme politique profond qu'exprime la crise de février-mars 1823 met en évidence deux visions du parlementarisme. Pour imposer l'expulsion de Manuel, les royalistes les plus extrémistes n'hésitent pas à remettre en cause un certain nombre de principes et de pratiques. Le règlement intérieur de la Chambre rend normalement toute procédure d'exclusion impossible. L'adjonction d'un article *ad hoc* au règlement et son application à Manuel se heurtent à la question de la non-rétroactivité ? Qu'à cela ne tienne ! Les ultras choisissent de passer en force, plaçant dans un très grand embarras un président Ravez chargé de l'application du règlement mais ultra, lui aussi, dans l'âme. Ils empêchent en outre des prises de parole pourtant conformes aux règles du débat. Au moment où Ravez invite Manuel à parler le 26, des députés situés le plus à droite s'exclament :

« La Chambre est plus forte que le règlement ! » Ils constituent la commission dans des conditions plus que contestables ; ils s'en prennent à la loi au nom de leur honneur bafoué : selon La Bourdonnaye, « l'honneur [est une] loi antérieure à tous les codes » (1er mars).

Les libéraux se font fort de prouver que l'exclusion de Manuel est une insulte faite à la Charte constitutionnelle de la Restauration, que l'honneur de l'institution est mis à mal par les fidèles du roi eux-mêmes. Après l'expulsion, Sébastiani fustige « cette Chambre qui a commis un attentat ». Foy poursuit dans la même veine : « Le grand attentat dont je parle, c'est la mutilation de la Chambre des députés. Cet attentat exercé sur un membre peut être exercé demain sur dix, après-demain sur vingt, enfin jusqu'à ce qu'une assemblée politique, déchirant elle-même ses entrailles, présente ce hideux et atroce spectacle de la Convention nationale après le 31 mai. » Foy montre par là sa détermination, sa maîtrise de l'art oratoire et sa très grande habileté politique : il renvoie à ses adversaires de droite l'accusation qu'ils ont forgée contre Manuel et les libéraux ; remobilisant le schéma révolutionnaire, il le retourne pour faire un portrait des royalistes en terroristes. Il défend contre ses adversaires la liberté du collège électoral qui a porté Manuel à la Chambre. Il fait d'eux les fossoyeurs d'une monarchie parlementaire modérée, garantie par le roi et la Charte.

Manuel après son expulsion

La session parlementaire se poursuit sans Manuel. Les ultras de la Chambre – et probablement aussi un bon nombre de constitutionnels – en éprouvent un extrême soulagement. Exclure Manuel, c'est travailler à l'éradication de l'esprit révolutionnaire. Car ce député a tout pour leur déplaire. D'abord, il a été élu par l'un des collèges électoraux du département de la Vendée, ce qui, selon ses adversaires, est une insulte faite à une terre de chouannerie fidèle à la monarchie. Ensuite, Manuel est l'un des chefs historiques de la charbonnerie. Cette société clandestine dirigée contre le pouvoir en place a été victime d'une répression sélective fin 1822 : les « quatre sergents de La Rochelle » ont été exécutés tandis que Manuel et les autres dirigeants n'ont pas été inquiétés, même s'ils font l'objet d'une surveillance suivie. Enfin, les qualités d'orateur de Manuel en font un adversaire dangereux. Le discours du 26 février n'est pas pour lui un coup d'essai : il mène depuis des années contre le régime de la Restauration un infatigable combat de tribune. Il excelle à développer calmement des arguments extrêmement subversifs. Ce qui le rend redoutable, souligne, sous la monarchie de Juillet, Cormenin dans son *Livre des orateurs*, c'est qu'« il ne s'emport[e] pas de cris et de gestes, comme ces rhéteurs apoplectiques tout suants et tout pantelants sous leur manteau, et qui font toujours craindre que leurs poumons ne s'engorgent et qu'ils ne viennent à vomir des flots de sang avec leur dernière parole ». Les royalistes attendent donc l'occasion de le prendre en défaut. Le 26 février, ils la trouvent. Ils s'en tiennent au début de son discours à des « murmures » et à des « interruptions ». Lorsqu'il oppose dans ses développements la « famille royale » et la « France révolutionnaire », ils sont prêts à la riposte. « Formes nouvelles » déclenche l'assaut.

Cette riposte met un terme à la vie politique de Manuel. Très soutenu par les députés libéraux lors de la crise, il se retrouve plus isolé ensuite. Il n'est pas candidat aux élections de 1824. Il meurt en 1827. Ses obsèques sont l'occasion d'une impressionnante manifestation d'opposition. *Post mortem*, son statut de grande figure de l'éloquence parlementaire de la Restauration s'affirme. L'expulsion de mars 1823 en fait un martyr de la cause libérale, puis républicaine.

La Révolution française aux Chambres

Sortie de son contexte, la formule « formes nouvelles » n'a rien de remarquable ; envisagée comme un élément à replacer dans un ensemble de processus qui lui donnent sens, elle révèle certains ressorts importants du conflit politique. Les mots de Manuel cristallisent et exacerbent des tensions profondes à l'intérieur de la Chambre. Ils soulèvent la question des limites du parlementarisme sous la Restauration. L'impact de l'assaut mené contre la monarchie restaurée – et, si l'on en croit les royalistes, contre la mémoire de Louis XVI – prouve enfin que la question de la Révolution est extrêmement sensible dans les années de la Restauration. Elle le reste tout au long du XIXe siècle. Il serait intéressant d'en traquer les mille expressions au fil des sessions, mais deux suffiront ici. Les 17 et 18 janvier 1850, sous la IIe République, la guerre de la Convention contre la Vendée (les « bleus » contre les « blancs ») s'invite dans un débat tendu sur l'instruction publique ; la droite légitimiste, appuyée par une droite plus modérée, est là, en ordre de bataille, face à une gauche radicale et démoc-soc soutenue par des républicains bon teint ; les insultes fusent. Crémieux dénonce « la guerre impie des chouans » ; Laborde s'exclame : « Je maudirai éternellement 1793 ! » Le 29 janvier 1891, lorsque Georges Clemenceau s'écrie à la tribune que « la Révolution est un bloc », les députés de la droite conservatrice et catholique crient leur indignation, les radicaux applaudissent, les républicains modérés acquiescent plus discrètement. Clemenceau place ensuite des attaques très violentes : les ancêtres de « ces messieurs de la droite » étaient « à la frontière […] mais du mauvais côté de la frontière ». Se tournant vers ses adversaires, après avoir évoqué la mémoire des républicains massacrés par les Vendéens, il demande : « Est-ce que vous n'avez pas du sang sur vous ? » Puis, d'une voix tonnante : « Cette admirable Révolution par qui nous sommes n'est pas finie, [...] elle dure encore, [...] ce sont toujours les mêmes hommes qui sont aux prises avec les mêmes ennemis. » Ces paroles enflammées restent-elles d'actualité au siècle suivant ? Si les références à la Révolution française ou à certaines de ses phases principales – l'été 1789 ; l'année 1793 – continuent de nourrir aujourd'hui encore des discours de tribune, elles ne déchaînent plus, sauf exception, les passions politiques.

3

Les ventrus de Daumier

L'insulte en images
(1834)

Au quatrième rang, cette face rondouillarde à moitié enfouie dans le col d'un habit noir est celle de Viennet. Deux rangs plus bas, Harlé approche de son gros nez un immense mouchoir. Bouffis dans leurs gilets blancs, Rigny et Fruchard sont deux êtres de cire. Podenas, Barthe et Pelet somnolent. Les visages de Thiers et Guizot sont déformés par des rictus tandis qu'ils échangent quelques mots à voix basse au banc des ministres. On dirait que le nez en bec de rapace du comte d'Argout plonge dans la tignasse broussailleuse de l'adipeux Prunelle. Deux douzaines d'autres députés affalés sur leurs bancs complètent les quatre rangées du *Ventre législatif* qui fait les délices des abonnés aux planches de *L'Association mensuelle*, et des lecteurs de *La Caricature* le 13 février 1834.

Si la saisissante lithographie d'Honoré Daumier n'apprend rien sur les violences verbales qui s'exercent entre députés dans les premières années de la monarchie de Juillet (Louis-Philippe Ier est roi des Français depuis l'été 1830), elle aide à comprendre quelles dynamiques d'insulte sont à l'œuvre en une période d'extrême effervescence politique. *Le Ventre législatif* est insultant, et au plus haut degré, et pour plusieurs dizaines de députés à la fois. Aux débats houleux dont les années 1830-1834 fournissent des exemples en abondance, Daumier préfère ici la trivialité du quotidien parlementaire, ce moment transitoire où la séance n'est pas encore ouverte, ou bien déjà levée – à moins que la scène ne se passe pendant une interruption. Aux effets de manches, il préfère l'avachissement des corps, aux profils altiers, les ventres mous. Il plonge son crayon dans la matière informe de la majorité ministérielle. Voilà des années qu'il s'installe régulièrement aux tribunes réservées au public et observe les députés. Il connaît par cœur les physionomies et les silhouettes. Il les a déjà maintes fois caricaturées sous toutes leurs coutures. Il les restitue fidèlement dans l'outrance à l'orée de l'année 1834.

Les trente-cinq ventrus

Leurs corps parlent pour eux. Daumier les représente pour la plupart silencieux. Il leur compose des visages indistincts, il laisse leurs yeux dans l'ombre ; leurs traits n'expriment pas grand-chose, ou n'expriment rien du tout. Ils sont idiots : chez eux l'hébétude domine. Certains d'entre eux sont saisis dans des postures plus bovines ou porcines qu'humaines et, alignés dans leurs stalles, ils semblent attendre de quoi remplir leurs panses. D'autres complètent le bestiaire : Daumier, qui fréquente non seulement les tribunes de la Chambre mais aussi les allées du Jardin des Plantes, met de l'oiseau dans d'Argout, du porc dans Fruchard, de la hyène dans Persil, de l'ours dans Barthe, du mouton dans Ganneron. Ils sont vulgaires : l'un prise, l'autre renifle et se mouche ; ils exhibent sans pudeur des ventres rebondis qui jurent avec l'étroitesse de leurs esprits. Ils sont ridicules dans leurs costumes mal ajustés. Et puis leurs regards fuyants ont quelque chose de pervers. Adeptes des messes basses, ils sont experts en mauvais coups politiques. Daumier leur applique avec une malicieuse cruauté les théories alors en vogue de la phrénologie et de la physiognomonie : il tisse par l'image des correspondances entre l'humain et l'animal, entre traits physiques et caractéristiques morales. Il met en scène le spectacle lamentable d'un ventre législatif qui bafoue la dignité de la Chambre. Incapables de faire de bonnes lois, ou même de pratiquer à bon escient l'art de l'éloquence, ils en restent à la satisfaction de leurs bas instincts. Le processus de décision politique semble les laisser de marbre. Ceux qui, parmi eux, font également partie du ministère en place et occupent à ce titre le premier des quatre bancs – Thiers pour le Commerce et les Travaux publics, Barthe pour la Justice, d'Argout pour l'Intérieur, Rigny pour la Marine, Guizot pour l'Instruction publique et les Cultes – ne sont pas plus reluisants que les autres, de sorte que la charge porte non seulement contre la Chambre des députés mais aussi contre le gouvernement dirigé par Soult, caricaturé en vieillard aux traits osseux, esseulé et voûté, plongé les yeux mi-clos dans le laborieux décryptage de la feuille qu'il tient dans ses mains.

L'état de dégradation de ces trente-cinq ventrus qui s'ennuient, vieux routiers du pouvoir au front le plus souvent dégarni, offre un saisissant contraste avec ce peuple vigoureux que Daumier aime représenter à la même période dans d'autres lithographies. En mars 1834, il campe dans une planche intitulée *Ne vous y frottez pas* la liberté de la presse sous les traits d'un athlète, jeune imprimeur musclé au regard fier, les hanches ceintes d'une écharpe, les poings fermés en signe de détermination, la chemise entrouverte, les manches relevées.

Ventres et croupions

Pour composer *Le Ventre législatif*, Daumier adosse son génie au talent de Charles Philipon, fondateur et directeur de plusieurs feuilles d'opposition (*La Caricature*, *Le Charivari*), dessinateur et journaliste de premier plan. Philipon orchestre une partie des attaques dirigées au début de la monarchie de Juillet contre le régime et ses représentants. C'est lui, sans doute, qui demande à Daumier de consacrer l'une de ses planches aux députés ministériels pour fustiger le criminel « assoupissement centrique » (*La Caricature*, 26 avril 1832). Il signe les explications qui complètent *Le Ventre législatif* dans *La Caricature*, sur deux colonnes, le jour de la parution de la lithographie. Comme Daumier, Philipon joue avec les limites du tolérable : il atteint son but lorsqu'il attente à l'honneur de ses cibles tout en évitant le procès.

À l'inventivité graphique de Daumier, il joint son inventivité verbale. Ce que ses explications apportent, c'est une subtile alliance d'attaques frontales et de piques ironiques. Sur le versant de l'ironie, il y a le sous-titre qu'il adopte pour la planche de Daumier (« Aspect des bancs ministériels de la Chambre improstituée de 1834 ») ou encore son invitation à « juger les honorables qui fournissent tant de sujets à nos études critiques ». Sur le versant de l'attaque frontale, il reprend à son compte les charges contre la bêtise et la médiocrité des députés du « Ventre », cette « partie saillante du corps législatif ». Il les complète par quelques autres, que Daumier laisse implicites dans sa planche et qui indiquent la trahison d'un idéal : la juste et fidèle représentation des intérêts des Français. Les députés sont les dévoreurs du budget national : ils saignent le peuple dans leur intérêt propre, ils trempent dans des « tripotages honteux » (Philipon évoque à ce propos un scandale du moment, l'affaire Kessner) ; avides de taxes et d'impôts, ils s'enrichissent et ils épaississent, et leurs ventres s'arrondissent au fil des sessions. Ce sont, en outre, de très vulgaires arrivistes et opportunistes : le régime, écrit-il, tient sous son contrôle par les diverses récompenses qu'il leur accorde ces bancs ministériels de la Chambre où siègent « tant de députés faits receveurs généraux après leur élection, tant de nouveaux décorés, de préfets, de procureurs généraux, tant de conseillers de cours royales, de présidents, d'officiers généraux, de directeurs généraux, de fournisseurs, de juges, de membres de commissions rétribuées, etc., etc., etc. ». Mus par l'appétit du pouvoir ces députés fonctionnaires se soucient peu des orientations politiques de leurs maîtres et ils se prosternent servilement devant celui qui les nourrit, quel qu'il soit. En 1834, ils sont, selon Philipon, tout aussi obtus que leurs devanciers de la Restauration – ceux-là mêmes qui, onze ans plus tôt, ont expulsé Manuel ; certains ont d'ailleurs commencé leur carrière de parlementaires sous le régime déchu. D'où l'implacable réquisitoire de Philipon sur leur dangerosité lorsqu'il s'agit des intérêts de la France : ils laissent massacrer sans mot dire les peuples d'Europe qui réclament de l'aide, ils exercent une répression implacable contre les défenseurs de la liberté et les héritiers authentiques de la révolution de juillet 1830.

Certaines des charges de Philipon sont de nature scatologique. Là encore, le texte explicite ce que l'image ne fait que suggérer. Car un ventre ne se contente pas d'absorber : il transforme et il expulse. Philipon s'engage sur cette voie d'abord avec prudence (il évoque les « gargouillements » des députés), puis sans détour : « C'est du *ventre* et du *croupion* que la Chambre opine. [...] C'est le *ventre*, c'est le *croupion* qui depuis quatre ans travaillent au bonheur de la France. » Voilà les députés non seulement réduits à la partie la plus vile du corps humain, mais aussi dégradés en animaux : le croupion est la partie postérieure de l'oiseau avant d'être celle de l'homme. Cette image d'une extrême crudité renvoie, selon Philipon, à plusieurs travers graves de la fonction parlementaire : après avoir avalé la richesse de la France (« Le ventre, c'est le récipient de tous les boyaux dans lesquels se précipite le budget digéré »), les députés défèquent des lois malodorantes ; ils les votent en levant régulièrement leurs fesses selon la technique du « assis et levé ». L'insulte tend ici à dénoncer la dégradation des pratiques et des mœurs politiques : le ventre et les fesses effacent le front et le crâne ; l'exercice de la raison par l'usage de la parole laisse place au bas instinct exprimé par le gargouillis informe ; l'espace public de la Chambre devient une sorte de salle à manger, ou d'arrière-cuisine, ou d'étable, ou de volière.

Ventres, croupions, bêtes et légumes

Ce *Ventre législatif* est à replacer dans l'environnement politique très instable des années 1830-1834, où l'insulte est quasi quotidienne. La monarchie de Juillet, cible des attaques, est un régime improbable né d'abord dans les rues puis au Palais-Bourbon : elle est d'une part issue des combats de barricades qui mettent à bas la Restauration (les Trois Glorieuses des 27-28-29 juillet 1830) ; elle s'appuie d'autre part sur le serment de fidélité de Louis-Philippe, roi des Français, à la Charte constitutionnelle (le 9 août 1830). Sa légitimité est très vite contestée : la politique du « juste-milieu » adoptée par le roi et par son entourage trahit, selon certains, les principes de la monarchie, et selon d'autres, l'esprit révolutionnaire. L'opposition patriote, libérale de gauche et républicaine se montre particulièrement virulente. Les verdicts plutôt cléments prononcés à l'issue du procès des ministres de la Restauration en décembre 1830 mettent en fureur les partisans les plus déterminés du « mouvement », ceux qui souhaitent l'accomplissement des « promesses de juillet ». Puis le fossé se creuse avec la majorité de la Chambre des députés élue à l'été 1831, favorable à une politique de « résistance » beaucoup plus conservatrice. La vie politique est rythmée ces années-là par d'incessants combats, sur plusieurs fronts. Les articles ou les caricatures incendiaires qui paraissent dans la presse d'opposition donnent lieu à des centaines de procès ; des sociétés d'action politique (Société des amis du peuple, Société des droits de l'homme) dénoncent ouvertement les dérives autoritaires du régime ; à Lyon en novembre 1831, à Paris en juin 1832, le pouvoir doit faire face à l'insurrection et aux barricades.

L'opposition élabore dans ce contexte une redoutable batterie d'insultes. Sur le plan graphique, *Le Ventre législatif* s'inscrit dans le droit fil de dizaines d'autres œuvres qui, en quelque sorte, la préparent. *La Caricature* publie le 8 mars 1832 *Masques de 1831*, une lithographie de Daumier où sont cruellement caricaturés quinze hommes politiques dont des députés. Daumier exécute aussi à partir de 1832 une extraordinaire galerie de portraits charges, bustes en terre crue coloriée, aujourd'hui visibles au musée d'Orsay ; parmi cette quarantaine de « célébrités du juste-milieu », la moitié sont des députés qui figurent dans *Le Ventre législatif*. D'autres artistes s'en donnent aussi à cœur joie : *La Caricature* publie en 1833 un cycle *Cabinet d'histoire naturelle* où sont épinglés par Grandville divers spécimens d'animaux politiques empaillés. Et dans *Le Charivari*, le bandeau qui surmonte la première page consiste souvent en une série de caricatures où sont croqués des hommes politiques du moment, et en particulier des députés. On repère même un ancêtre du *Ventre législatif* de Daumier dès le 15 décembre 1831 dans *La Caricature* : la Chambre y est représentée en monstre au ventre énorme et aux centaines de têtes microscopiques. Toutes ces images s'inscrivent elles-mêmes dans un système beaucoup plus vaste : la presse d'opposition (*Le National, La Tribune, Le Corsaire*, etc.) fait flèche de tout bois ; dans la capitale, dans d'autres villes aussi, l'insulte est déclinée en graffitis sur les murs, en répliques au théâtre, en chansons d'arrière-salles, en refrains de carnaval ou de charivari.

Voilà pour le dispositif. Les contenus renvoient quant à eux à quelques axes thématiques forts, inlassablement retravaillés dans les détails. Une fois adopté, un thème insultant est repris sur toutes sortes de supports. Jean-Pons-Guillaume Viennet, au quatrième rang du *Ventre législatif*, est l'une des victimes favorites de l'opposition. Député de l'Hérault depuis la fin de la Restauration, élu à l'Académie française en 1831, il soutient sans jamais faiblir la politique de « résistance ». Mois après mois, ses adversaires s'ingénient à le transformer en âne parce qu'il a composé, en 1829, une médiocre épître « Aux mules de don Miguel » ;

lorsqu'il se rend en août 1833 à Estagel, une commune des Pyrénées-Orientales où il possède une forge, un comité probablement animé par François Arago (astronome et physicien de renom, opposant au régime, natif d'Estagel) lui réserve un accueil mémorable : « Figurez-vous les ânes et les ânesses de la commune, amenés par quelques amateurs de musique sous les croisées de la maison où M. Viennet allait goûter les douceurs du repos. Ces pauvres bêtes, excitées de tous côtés, animées par le voisinage, se prennent à braire avec une force étourdissante », rapportent les journaux de l'opposition. Le voilà baptisé « troubadour des mules » ou « ami des mules », affublé dans certaines charges d'une paire de longues oreilles. Et lorsqu'il évoque maladroitement l'épisode d'Estagel à la Chambre, début janvier 1834, *Le Charivari* fait confidence à ses lecteurs qu'« on entendait de toutes les parties de la salle : hi-han ! hi-han ! » Mais Viennet n'est pas qu'un âne. Toutes les occasions sont bonnes pour le discréditer ou le tourner en ridicule. Son élection à l'Académie française contre Benjamin Constant ? Une indigne escroquerie ! Son discours du 6 février 1834 contre les partis révolutionnaires ? Une bouffonnerie pendant laquelle « il a prouvé, la main dans son gousset et son menton dans sa cravate, que le tiers parti n'a pas de *queue*, tandis que l'opposition en a une » ! (*Le Charivari*). Surnommé « Vieux-Niais », il est modelé par Daumier en hydrocéphale au visage tout chiffonné et aux yeux clos. Deux planches de *L'Association mensuelle* tournent en ridicule ses prétentions poétiques pour en faire tantôt un joueur de serinette, tantôt un charmeur de serpent aux grandes fêtes monarchiques ; une autre planche le figure en lâche girouette politique, composant en catastrophe une *Populéide* au moment où la liberté de la presse culbute le roi dans un tournoi. « Le plus bouffon, c'est M. Viennet ! » claironne *Le Charivari* le 5 janvier 1834. Une dizaine d'années plus tard, l'homme n'a pas oublié ces assauts répétés. Il écrit en tête d'un volume de ses *Fables* (1843) que le public avait finir par le croire âne. Il ajoute : « On a compté jusqu'à cinq cents épigrammes par année contre ma personne, ma figure, mes poésies, ma cravate, mes discours de la tribune, mon épi de cheveux rebelles et ma redingote verte. »

Outre Viennet, beaucoup de députés du *Ventre législatif* sont transformés en bêtes, légumes ou objets, réduits à une partie de leur anatomie, désignés au rire et au mépris pour leurs manières vulgaires. Voici à ce propos quelques jugements puisés dans *La Caricature* et *Le Charivari* entre avril et octobre 1833. Jean-Marie Fruchard, député du Morbihan : « Est-ce une outre ? Est-ce une vieille souche ? Est-ce un bloc ? Est-ce un potiron ? » Jean-Marie Harlé, dit Harlé père, député du Pas-de-Calais : « Législateur, goutteux, cacochyme, asthmatique, rhumatismal, magistrat, morveux. » Antoine Odier, député de la Seine : « Grâce à l'assis et levé, son croupion a frappé plus de millions déjà que le plus habile balancier de l'hôtel des Monnaies n'a frappé de pièces de cent sous. » Quant à Jean-Charles Persil, député du Gers et magistrat, surnommé « Père-Scie » en référence à son goût pour la guillotine, il « descendrait d'un anthropophage ramené par le capitaine Cook » et son expression serait « hyénique ». Prise dans son ensemble, la Chambre basse est une basse-cour. Le caricaturiste Auguste Bouquet présente l'« Ouverture d'une séance dindonnelle » dans *La Caricature* du 2 janvier 1834.

Les attaques s'abattent plus généralement sur tous les partisans actifs et influents de la monarchie de Juillet. La presse d'opposition raille allègrement les journaux fidèles au pouvoir (*Le Constitutionnel*, le *Journal des débats*), les autorités judiciaires, administratives et militaires, la famille royale… et le roi en personne. Les représentations de Louis-Philippe obéissent aux mêmes règles que celles des députés ministériels. Il est batracien grotesque (« roâ ») ; il est perroquet en uniforme ; il est rat ; il est chapon, c'est-à-dire coq dévirilisé ; il est affublé d'un parapluie, signe de vulgarité petite-bourgeoise et d'impuissance sexuelle (cet objet est un substitut symbolique pour un membre viril absent) ; Daumier le représente fin 1831 en Gargantua dévorateur de richesses, gros et gras, tout occupé sur son trône percé à déféquer croix et rubans. Son visage se devine fin 1832 dans *Le Charivari* au postérieur d'un bœuf gras qui piétine la Charte et *La Marseillaise.* Il est aussi et surtout poire. Depuis que Philipon en a inventé le motif à la fin de l'année 1831, son visage et sa silhouette se font poiréiformes – effilés du haut, empâtés du bas ; il est surnommé « Lapoire » ; on dispose des poires surmontées de chapeaux sur des tables de banquets d'opposition. Des caricaturistes font assaut d'inventivité dans la pratique du régicide par le crayon : ils dessinent des poires pendues haut et court, des poires croquées, des poires éventrées exhibant leurs pépins, des poires mises au four.

La prolifération des insultes contre le régime est l'une des facettes d'un combat sans merci. En attaquant, l'opposition se défend contre une politique bien davantage axée sur le maintien de l'ordre que sur la garantie des libertés. Insultes dans la presse et procès de presse se répondent par centaines. Les journaux condamnés ouvrent des listes de souscription pour payer les amendes ; dès qu'ils ont rassemblé la somme, ils reprennent leur action, jusqu'au procès suivant. Viennet, qui donne autant de coups qu'il en reçoit, incarne bien l'âpreté de ces conflits. Il s'en prend dès les débuts du règne de Louis-Philippe à la presse d'opposition. Au début de l'année 1832, il claironne si l'on en croit *La Caricature* qu'« avant un mois *La Mode* et *La Caricature* n'existeront plus… [qu']on saura bien les écraser ». Au début de l'année 1833, c'est lui qui prononce à la Chambre un jugement terrible – « La légalité nous tue » – et c'est lui qui orchestre les poursuites parlementaires contre *La Tribune* après que le journal a qualifié la Chambre de « prostituée » ; l'extrême sévérité du jugement rendu contre le gérant de *La Tribune* (trois ans de prison et dix mille francs d'amende) radicalise les hostilités. Au début de l'année 1834, il est un des plus fervents partisans du projet de loi qui limite la liberté d'action des crieurs publics.

Un épisode dramatique permet de prendre la mesure de la tension qui règne au début de l'année 1834. Le 29 janvier, le député d'opposition Dulong est tué dans un duel avec Bugeaud. Il l'a très vivement interpellé en séance quelques jours plus tôt et Bugeaud a demandé réparation. Le déroulement de l'affaire est assez mystérieux : tandis qu'une solution honorable commençait à se profiler (Bugeaud semblait d'abord disposé à accepter les excuses présentées par Dulong), la querelle a été ranimée par quelques articles dans la presse et aussi, semble-t-il, par des conseils de fermeté donnés à Bugeaud. Les amis de Dulong voient dans cette mort le résultat d'une machination dont le roi est lui-même complice. C'est ainsi que, le jour même où paraît dans *La Caricature Le Ventre législatif* (13 février 1834), *Le Charivari* publie une lithographie qui représente l'infortuné Dulong, martyr de l'opposition, frappé par une « main invisible », la main des Tuileries.

Les trente-cinq ventrus de Daumier sont l'une des pièces d'un immense puzzle. La portée insultante de la planche provient à la fois de sa puissance intrinsèque – ce chef-d'œuvre surclasse l'essentiel de la production graphique de l'époque – et de son inscription dans un contexte de crise politique ouverte pendant la première partie des années 1830. Une insulte, c'est bien davantage que la fulguration d'une image, d'un mot ou d'un geste. C'est un maillon éclatant dans une longue chaîne. « Les improstitués que *la légalité tue* se portent assez bien. On n'en peut pas dire autant des députés patriotes qu'atteint la *main invisible*. » Ces deux phrases extraites du *Charivari* du 7 février 1834 – une semaine, donc, avant la lithographie représentant la mort de Dulong – sont incompréhensibles sans une connaissance précise des combats et des cultures politiques du moment. Elles renvoient dans un langage aujourd'hui sibyllin à une âpre guerre des mots et des images.

Cette guerre est gagnée par le pouvoir un an et demi environ après *Le Ventre législatif*. Après avoir adopté la loi contre les crieurs publics, la Chambre des députés vote en mars 1834 une loi sur les associations destinée à décapiter les oppositions politiques. Des insurrections éclatent alors à Lyon, à Paris et dans plusieurs autres villes françaises (avril 1834) ; elles se soldent par la victoire des forces de l'ordre. Le procès des insurgés, mené par la Cour des pairs en 1835, est aussi celui de tous les républicains. En septembre 1835, quelques semaines après l'attentat manqué de Fieschi contre le roi, une Chambre des députés très largement dominée par des hommes de la « résistance », victorieux aux élections de l'été 1834, adopte une série de lois liberticides. La loi du 9 septembre réduit la presse d'opposition au silence. Ventres, croupions, bêtes et légumes disparaissent alors du paysage de la caricature.

Histoire politique de l'assaut graphique

En 1835 s'achève l'une des principales séquences d'une histoire de l'insulte politique par l'image. Le déchaînement graphique des premières années de la monarchie de Juillet succède au déferlement animalier des caricatures révolutionnaires ou antirévolutionnaires au début des années 1790, aux assauts menés au tournant du XVIIIe et du XIXe siècle par les artistes britanniques contre un Bonaparte (puis un Napoléon) nanisé, transformé en âne ou en renard, en sauterelle ou en singe, en araignée ou en hyène, représenté les fesses à l'air en train d'émettre de puissants pets pour faire avancer sa flotte de guerre. Il précède de plusieurs décennies une nouvelle génération de caricatures politiques qui fleurissent au tournant du XIXe et du XXe siècle avec l'affaire Dreyfus (Zola en âne ou en mouche ; Zola mi-homme, mi-cochon, déféquant sur le drapeau tricolore ; Dreyfus et ses partisans métamorphosés en infâmes insectes), les crises franco-britanniques (le roi Édouard VII, face imprimée sur les fesses d'une très vulgaire Albion dans *L'Assiette au beurre* du 28 septembre 1901), la séparation des Églises et de l'État (le prêtre bicéphale, « Asinum-Porcus », dans *Les Corbeaux* du 28 mai 1905). Puis l'intensité des insultes par l'image faiblit. Les recrudescences observables pendant les années 1920, les années 1930 ou au plus fort de la guerre froide ne prennent pas de telles proportions. Depuis le milieu du XXe siècle la caricature, insultante ou non, souffre, sans doute comme le dessin d'illustration en général, de la concurrence de nouveaux médias (télévision, puis Internet) : son essoufflement relatif est dans ce cas à mettre en relation avec leur progression. En outre, les avancées globales de la liberté d'expression depuis le début du XIXe siècle rendent moins vitale l'expression de la contestation sous le masque de l'image. Il reste certes aujourd'hui des espaces d'expression pour ce type d'attaques, dans la presse écrite (*Charlie Hebdo,* très crûment), à la télévision (*Les Guignols de l'info*, de manière plus atténuée). Globalement, l'observation sur le long terme invite à conclure sur un recul de la déshumanisation par l'image. Les charges à connotation scatologique, en particulier, sont devenues rarissimes. C'est l'indice d'une évolution des formes de l'insulte en politique, de leur édulcoration peut-être, à la fois dans la sphère parlementaire et au-delà.

4

Goudchaux, le mot de trop
L'insulte, aubaine et symptôme
(1848)

Sous la monarchie de Juillet, la Chambre des députés est à diverses reprises parcourue de fortes tensions, et les vifs débats où se distinguent notamment Dupin, Guizot, Lamartine, Mauguin ou Thiers peuvent donner lieu à des attaques meurtrières. Les orateurs, rompus aux règles de l'éloquence de tribune – un sur trois est avocat –, ne pratiquent pour ainsi dire pas l'assaut frontal ; ils savent habiller d'expressions choisies leurs offensives insultantes ; ils ne se départent pour ainsi dire jamais d'une courtoisie de bon aloi ; les plus talentueux sont maîtres dans l'art du mot d'esprit. Abrité derrière le masque de la fiction, Stendhal s'en fait l'écho dans *Lucien Leuwen* lorsqu'il évoque la terrible agression lancée de la tribune par le banquier Leuwen contre le ministre de l'Intérieur : « [Leuwen] se livra à toute sa méchanceté et trouva contre M. de Vaize des traits d'autant plus cruels qu'ils étaient inattaquables dans la forme. Huit ou dix fois, toute la Chambre éclata de rire, trois ou quatre fois elle le couvrit de bravos. » « Furieux », le ministre « parla de duel à ses collègues ». Au fil des sessions, les affrontements entre coteries, les alliances qui se font et se défont donnent le sentiment que la Chambre vit en vase clos. Les graves troubles sociaux qui secouent la France à l'été 1840 ont très peu d'écho en séance ; en 1847, face à l'immobilisme du ministère Guizot et de la majorité des députés, les partisans d'un élargissement de l'électorat mènent leur combat dans les journaux ou les banquets plutôt qu'à la tribune de la Chambre.

Les succès de la campagne des banquets et l'interdiction de l'un d'entre eux sont aux sources des troubles, puis des affrontements, puis de la révolution de février 1848. Une phase extrêmement riche et agitée de l'histoire politique et parlementaire française commence alors. Avec la chute de la monarchie de Juillet, la Chambre des députés et la Chambre des pairs, élues au suffrage censitaire, laissent place à une seule Assemblée dont les membres émanent du suffrage universel masculin. Elle doit délibérer sur la Constitution de la nouvelle République. L'immense salle provisoire construite à la hâte pour accueillir les quelque neuf cents représentants du peuple élus au printemps 1848 – une « boîte en carton peint » aux dires de George Sand – résonne quotidiennement ou presque de vibrantes indignations ou de violentes querelles. Les noms d'oiseaux se font moins rares qu'auparavant. Un souffle inédit de liberté dans les débats, l'importance extrême des questions que les représentants ont à trancher, un franc-parler inhabituel de la part de ceux qui, nouveaux élus issus de milieux relativement modestes, ne pratiquent pas l'éloquence parlementaire classique expliquent que l'atmosphère soit souvent électrique. De plus, les portes et les fenêtres de l'Assemblée sont ouvertes sur l'extérieur. Dans la journée du 15 mai, la salle des séances est envahie quelque temps par une foule hostile aux orientations modérées du pouvoir en place. Fin juin, l'Assemblée vacille un temps sous la menace de l'insurrection qui touche la capitale, avant d'œuvrer à une implacable répression contre les partisans d'une démocratie où la voix du peuple se ferait directement entendre. La tension retombe ensuite d'un cran, mais des clivages profonds continuent d'opposer entre eux des représentants du peuple aux orientations parfois inconciliables. Voici, parmi tant d'exemples possibles, ce qui advient dans ce contexte un certain jeudi de fin d'été.

Le mot

En fin d'après-midi du 14 septembre le ministre des Finances Michel Goudchaux occupe la tribune. Il discourt depuis près d'une demi-heure et la tension est à son comble. Interruptions, murmures et commentaires de tous ordres fusent dans l'enceinte. L'orateur, qui vient d'essuyer de « vives réclamations sur quelques bancs de la gauche », se tourne alors vers ses contradicteurs et s'emporte :

> « Eh bien cette humanité, Montagnards (*le citoyen ministre désigne l'extrême gauche*), n'a pas besoin de vous. Elle ne reculera pas devant vos cris ; cette humanité marche ; elle marchera sans vous, malgré vous, parce que vos doctrines tendraient, à votre insu, à l'amoindrir, à la perdre. »

L'orateur met longtemps à reprendre pied, tant les réactions à ses paroles accusatrices sont virulentes. Les hommes qu'il a désignés, outrés, réclament la parole. Les « interpellations les plus vives » se font entendre. Les uns veulent en découdre, les autres exigent une interruption de séance.

> « À gauche : C'est une insulte à l'Assemblée ! C'est une insolence !

> Toute la gauche : Retirons-nous ensemble, puisqu'on nous insulte impunément !
>
> [...] À droite : Couvrez-vous, monsieur le président, levez la séance ! »

Joignant le geste à la parole, plusieurs représentants placés à la gauche de l'orateur se lèvent, puis s'élancent en direction de la tribune. Michel Goudchaux est livré à la vindicte de dizaines de contradicteurs. Il prononce plusieurs phrases inaudibles, puis il finit par confesser son impuissance.

> « Citoyens représentants, le trouble que j'éprouvais en montant à la tribune, et qui n'a fait que s'augmenter depuis que j'y suis, par suite d'interruptions incessantes auxquelles j'ai eu à répondre, a été sans doute cause que j'ai prononcé une parole irritante pour une partie de cette Assemblée. »

Et il poursuit, déconfit, qu'il ne sait quelle parole on lui reproche, qu'il aimerait qu'on la lui rappelle, qu'il la retire complètement. « Je ne suis pas maître de ma parole », finit-il par reconnaître. Mais d'où vient que se déchaîne une telle tempête et que l'intervention s'achève dans un vacarme indescriptible ? C'est visiblement d'insulte qu'il s'agit : du moins ses adversaires l'affirment-ils. Mais de quelle insulte, au juste ?

Une question qui divise

Lorsque Michel Goudchaux monte à la tribune le 14 septembre, il prend la suite d'une demi-douzaine d'autres représentants. L'ambiance s'est dégradée dès avant sa prise de parole. En homme d'expérience, le président de l'Assemblée (Armand Marrast) l'a fort bien senti et, au moment où il a donné la parole au ministre, il a pris soin d'adresser une mise en garde aux représentants : « C'est surtout à la fin des discussions que l'Assemblée devrait avoir du calme, et c'est toujours à ce moment qu'elle est le plus agitée. »

« Interruptions », « rumeurs », « mouvements », « bruits » ont entrecoupé d'emblée l'intervention du ministre. Des protestations se sont fait entendre tantôt à sa droite et tantôt à sa gauche : approbations, encouragements (« Très bien ! C'est très bien ! » ; « Parlez ! Parlez ! ») ; critiques, ou mouvements d'impatience (« Aux voix ! Aux voix ! »). Longtemps il a tenu tête aux représentants si agités. Après un quart d'heure d'efforts, il persévère :

> « J'espère, dans quelques jours… (*Interruption.*) Lorsque l'Assemblée sera plus calme… (*Aux voix ! Aux voix !*) Je voulais, citoyens représentants, apporter à cette tribune quelques preuves que cette république n'est pas imprévoyante. Mais aujourd'hui, je

ne trouve pas le calme et la bienveillance auxquels vous m'avez habitué. »

Ce qui est à l'ordre du jour, c'est le préambule de la Constitution. Le débat porte sur une éventuelle inscription d'un droit au travail dans ce texte fondateur. La nature même de la république est alors en jeu. Si le droit au travail est reconnu, la république sera sociale. Sont discutées en séance le 14 des propositions d'amendements visant à réintroduire ce droit. Le représentant Glais-Bizoin propose le 14 septembre que soit reconnu le « droit à l'existence par le travail et l'assistance ». Michel Goudchaux n'en veut pas. Selon lui, le « droit à l'existence par le travail » ruinera l'État. Et cette perspective l'inquiète au plus haut point. Il est suffisant, selon lui, « d'assurer la faculté de travailler librement et facilement », de soutenir les associations de travailleurs et de faciliter l'activité économique. Un droit absolu et explicite au travail inciterait selon lui l'ouvrier à la paresse et empêcherait le progrès. Quoi de plus funeste qu'un « État-producteur » aux yeux de cet homme qui n'a jamais dissimulé son hostilité à une intervention marquée de l'État dans la vie économique ?

Mais y a-t-il en vérité un risque que le droit au travail soit reconnu ? Rien n'est moins sûr. Une fois retombé l'enthousiasme des lendemains de révolution, les tragiques journées de juin ont signifié la défaite des partisans d'une république sociale. Les mois de juillet et d'août 1848 ont servi à la mise en place d'un arsenal législatif répressif contre les clubs populaires, contre la presse, sur fond d'état de siège. Pourtant, même si les jeux semblent faits, les différences de sensibilité politique restent très apparentes. Nombreux sont ceux qui pensent le 14 septembre, comme Michel Goudchaux, que le droit au travail est toujours « la question qui résume la révolution de février ».

Michel Goudchaux est un homme politique estimé de ses collègues. Banquier prospère et républicain d'opposition sous la monarchie de Juillet, il a su se faire apprécier pour sa rigueur et pour ses convictions. Après comme avant la révolution de février, les républicains modérés du journal *Le National* le soutiennent. La gauche de l'Assemblée l'estime. Ce quinquagénaire élu député en avril 1848, ministre des Finances depuis le début de l'été, occupe une position intéressante en vérité, puisqu'il peut se faire entendre à la fois des républicains de convictions et des républicains opportunistes.

Malheureusement pour lui, le terrain parlementaire lui est défavorable. Seuls les spécialistes de l'éloquence – un Lamartine, un Ledru-Rollin, un Dufaure – peuvent affronter sans dommages une tension comme celle qui règne ce jour-là. Or, la prose de Goudchaux est plate et heurtée ; elle manque d'élégance, de puissance, de souplesse. Sa position est d'autant plus incertaine qu'il n'a pas préparé son intervention. Or, rien n'est plus périlleux pour lui que l'expression spontanée de ses pensées, même si la question à l'ordre du jour lui est familière. Ce bricolage hasardeux explique la tournure que prend la discussion et l'erreur que finit par commettre cet homme impulsif. Le 31 juillet déjà, « ne pouvant maîtriser son indignation [face à Proudhon, il avait] quitté la séance ». Son geste n'a pas alors prêté à conséquence. Le 14 septembre, en revanche, il se retrouve en très fâcheuse position.

Colère et calculs de la gauche radicale

Si l'allusion aux Montagnards est qualifiée d'insulte, c'est parce que, dans la sensibilité politique de l'extrême gauche, le modèle révolutionnaire, la figure de Robespierre et l'expérience de la Convention sont structurants. Selon eux, la vraie démocratie, celle qui inclut la question sociale, passe par la prise en compte de cet héritage. S'en prendre à la Montagne de 1793, c'est insulter les grands devanciers et, par ricochet, ceux qui entretiennent la flamme près d'un demi-siècle plus tard. Le clivage ancien rejoue et la crispation entre modérés et radicaux reste de mise. Les républicains modérés (majoritaires) et les républicains du bout des lèvres, les hommes comme Adolphe Thiers, Jules Dufaure ou Alexis de Tocqueville, se sentent certes en position de force. Mais ils restent aux aguets : ils savent que leurs adversaires font flèche de tout bois sur cette question si sensible.

Dans cette perspective, la réaction indignée de Charles Lagrange aux paroles de Michel Goudchaux se comprend mieux. À peine le ministre des Finances a-t-il placé son attaque que Lagrange quitte son banc situé à l'extrême gauche de la salle, dévale la travée, demande la parole au président, insiste, l'obtient. Il déploie pendant un quart d'heure une énergie peu commune. Joignant le geste au discours, il se livre, commentent certains, à une « pantomime animée », il « frappe sur la tribune » (*Journal des débats*). Il s'enflamme (« Ah ! non, monsieur Goudchaux »), il fait usage des termes les plus vifs (Michel Goudchaux a employé un « [argument] brutal, j'ai manqué de dire perfide »). Dans une improvisation véhémente, il exprime sans détour une colère et un dépit profonds. « N'insultez pas, surtout, le nom de Montagnards », s'écrie-t-il ainsi en un bel alexandrin (écrit pour les lecteurs du *Moniteur universel* plutôt que prononcé ?). S'il ne considère évidemment pas insultant d'être traité de Montagnard, il n'accepte pas que les Montagnards soient présentés comme ceux qui amoindrissent ou perdent l'humanité. Il se montre par là fidèle à sa réputation de révolutionnaire. Il aime à dire qu'il est à l'Assemblée l'un des représentants les plus fidèles du peuple victorieux en février 1848. Il a fait remarquer le

25 août à ses collègues « la simplicité de [sa] parole d'homme du peuple ». Il a de fait derrière lui une longue carrière militante dans le camp des républicains depuis la fin de la Restauration (il avait alors un peu plus de vingt ans) et sous la monarchie de Juillet. Impliqué dans l'insurrection lyonnaise d'avril 1834, il a été condamné à vingt ans de détention. Il est avéré que c'est lui qui a lu devant la foule rassemblée à l'Hôtel de Ville, le 24 février 1848, l'acte d'abdication du roi Louis-Philippe.

« Citoyens, j'éprouve énormément de chagrin à prendre la parole pour une telle cause », explique-t-il. Il se dit trahi par un de ses anciens compagnons d'opposition, un homme qu'il estime, avec qui il partage une sensibilité à fleur de peau. Mais on voit bien que la réaction à l'insulte essuyée est aussi le résultat d'un calcul : elle lui fournit le moyen d'intervenir à son tour dans le débat sur le droit au travail. Alors même qu'il s'en défend (« Citoyens, ce n'est pas sur la question du travail que je prends la parole »), il s'exprime à son tour en vieux routier de la lutte politique. *Le Moniteur universel* comme *Le National*, le *Journal des débats* comme *Le Constitutionnel* enregistrent que, selon lui, ce droit a sa place « au frontispice » de la Constitution.

Il reste simplement à savoir où l'intervention de Lagrange le mène. N'est-ce pas là un coup pour rien ? Non seulement il défend une cause que la majorité de l'Assemblée ne considère pas fondée, mais il n'est pas vraiment entendu par les représentants. Tandis qu'il parle, il s'attire à plusieurs reprises les rires d'un auditoire modéré que sa grandiloquence ne convainc guère. Il alimente l'agitation de fin de séance, mais il en est aussi victime. Si *Le Moniteur universel* retranscrit sa protestation, *Le National*, dont le correspondant occupe une place moins favorable dans l'Assemblée que le sténographe du *Moniteur*, rapporte qu'il intervient dans le brouhaha, le vacarme : « M. Lagrange parle au milieu d'un bruit tel qu'il nous est impossible de saisir autre chose que des fragments de son discours. » Tous les journaux signalent de longues interruptions tandis qu'il cherche à se faire entendre, une « vive agitation », des : « Assez ! Assez ! », des : « Assez ! Aux voix ! », des : « Aux voix ! Aux voix ! La clôture ! » Il est probable que seuls les représentants placés près de la tribune peuvent l'entendre distinctement. Cette voix qui se perd dans le bruit à la fin d'une séance éprouvante, c'est aussi ce que l'on peut retenir de la réaction de Charles Lagrange au discours de Michel Goudchaux, le 14 septembre 1848.

« Ce malheureux M. Goudchaux »

Quant à Michel Goudchaux, il laisse ses amis perplexes. En première page du *National*, le 15 septembre, le rédacteur convient que « M. le ministre des Finances a obéi [...] à l'impulsion des meilleurs sentiments en faveur des classes pauvres ». Mais pourquoi diable est-il entré dans le débat ? « Nous qui connaissons la sincérité de son dévouement à la cause populaire, nous regrettons seulement qu'une expression échappée à l'improvisation, expression qui ne rendait certainement pas sa pensée et à laquelle il a d'ailleurs restitué son véritable sens, ait pu soulever les récriminations d'une partie de l'Assemblée. » Voici donc Michel Goudchaux hors champ. Lui qui se faisait fort de « rétablir le calme dans les esprits » déchaîne « un bruit dont les annales parlementaires offrent peu d'exemples » (*Le National* toujours). Le compte rendu est plus malveillant dans *La Presse* (15 septembre) : le rédacteur présente Goudchaux sous les traits d'un orateur ridicule et cite à l'appui deux phrases qui ont déclenché l'« hilarité générale » des représentants : « Ce qu'on nous demande est tout bonnement impossible. Il n'y a que Dieu qui puisse arranger ça. » Le ministre des Finances est un homme malhabile dans une Assemblée où l'art de la parole est si prisé. De nombreux autres journalistes en profitent et s'en donnent à cœur joie. Le 19 septembre, *Le Spectateur de Dijon* livre à ses lecteurs les commentaires de son correspondant parisien. Le texte, sur un ton plaisant, cherche à inspirer une pitié amusée pour ce « pauvre M. Goudchaux », « ce malheureux M. Goudchaux », et retrace dans ses grandes lignes un « supplice [de] trois quarts d'heure ». Le correspondant force certainement le trait, accentue le martyre d'un homme « si pacifique, si débonnaire » plongé dans le tourbillon des haines, qui « ne comprenait rien à cette rage et noyait sa douleur dans des torrents d'eau sucrée. Figurez-vous un innocent mouton qui va paisiblement brouter l'herbe fraîche et qui se voit assailli par une bande de loups affamés ».

Le 14 septembre 1848, la violence et la passion des échanges où se laisse piéger Michel Goudchaux confirment que la question du droit au travail est une des plus graves de l'heure, une de celles qui indiquent le mieux certaines lignes de clivage essentielles en ces mois de IIe République incertaine d'elle-même. Ici, l'insulte est un symptôme. Elle ne débouche en elle-même sur rien de probant ni de durable. C'est que le ministre ne peut être présenté comme un manipulateur machiavélique ou un ennemi des républicains. Il ne cherche pas à discréditer ou à humilier ses adversaires de l'heure. Il se laisse emporter. Son caractère impulsif continue à lui jouer des tours par la suite : en novembre 1848, il se bat en duel contre le général Baraguey d'Hilliers ; en octobre 1849, il démissionne avec fracas de la vice-présidence de l'Assemblée législative. Insulteur malgré lui le 14 septembre, il occupe à ce titre une place à part dans l'histoire de l'insulte aux Chambres. Quant au terme de « Montagnards » qu'il mobilise si maladroitement en septembre, il devient précisément en novembre celui que choisissent pour s'autodésigner les plus radicaux des représentants de la gauche de l'Assemblée. Rien de comparable ici avec d'autres dynamiques d'insultes appelées à un avenir beaucoup plus glorieux dans les annales du débat parlementaire. Lorsque, vingt mois plus tard (mai 1850), Adolphe Thiers dénonce de la tribune la « vile multitude » pour justifier son projet de restriction du corps électoral, il fait usage de l'insulte pour avilir des adversaires et radicalise en toute connaissance de cause un conflit politique où les principes et les hommes se trouvent engagés pour longtemps.

Et, en juillet 1851, tandis que grandit la menace d'un coup de force bonapartiste contre l'Assemblée, le « Napoléon le Petit » lancé par Victor Hugo contre le président Louis Napoléon Bonaparte n'est rien moins qu'une déclaration de guerre parfaitement assumée.

5

La très longue vie de « Napoléon le Petit »
Victor Hugo ou l'art de l'insulte
(1851)

L'histoire de « Napoléon le Petit » commence le 17 juillet 1851 à la tribune de l'Assemblée législative de la IIe République. Cent cinquante-neuf ans plus tard, elle n'est pas achevée et ce nom d'oiseau n'a pas encore rejoint tous ceux dont la charge insultante s'est dissoute au gré des évolutions historiques. « Napoléon le Petit » a survécu aussi bien à Louis Napoléon Bonaparte, la cible, qu'à Victor Hugo, son créateur. Une si exceptionnelle longévité a de quoi surprendre. Le très fort impact de la talentueuse formule dans un contexte de crise politique ouverte ne suffit pas à l'expliquer : la fortune de « Napoléon le Petit » tient aussi et surtout à l'opiniâtreté obsessionnelle et géniale d'un Victor Hugo qui diffracte l'insulte initiale dans la suite de son œuvre, et à la présence persistante de l'antibonapartisme dans la culture politique de la France contemporaine. Le destin de cette insulte évoque un processus de type alluvionnaire où chaque occurrence nouvelle, orale, écrite, nourrit et actualise le mouvement d'ensemble.

Comme Daumier en 1834, Victor Hugo parvient en 1851 à créer une forme et un motif. L'un et l'autre sont capables de moduler leur message esthétique et politique en faisant varier les supports d'expression et les angles d'attaque. Ils occupent des positions différentes : c'est de l'extérieur de la Chambre que Daumier lance ses traits contre les députés ministériels au début de la monarchie de Juillet ; c'est de la tribune de l'Assemblée que le représentant du peuple Hugo fustige un président ennemi de la représentation nationale. Mais au total, tous deux comptent parmi les représentants les plus marquants d'un véritable art de l'insulte.

Hugo à la manœuvre

Sitôt proféré, le « Napoléon le Petit » fait une entrée fracassante dans l'histoire de l'insulte. Hugo essuie une salve de réactions très hostiles à droite, en particulier (mais pas seulement) de la part des partisans de Bonaparte. « Mais c'est de l'insulte cela ! À l'ordre ! À l'ordre ! » (Des « voix à droite » selon *Le Moniteur universel*) ; « Il ne peut pas être permis d'insulter ainsi à la tribune M. le président de la République » (Jules Baroche selon *Le Constitutionnel*). Dupin, le président de l'Assemblée, reprend ces protestations à son compte : l'orateur vient de se livrer selon lui à une « comparaison insultante » (*Le Moniteur universel*). Hugo ne pouvait pas espérer mieux : sommé de se justifier, il peut faire entrer davantage encore l'insulte dans les esprits. « Ce n'est pas, se défend-il malicieusement, offenser [Louis Napoléon Bonaparte] que de dire qu'il n'est pas un grand homme. »

De son banc, le vicomte de Falloux comprend très vite la capacité de nuisance de « Napoléon le Petit ». Il prend la parole en fin de séance et s'efforce de désamorcer la charge. « Je crois que l'Assemblée aurait tort de permettre que quelques-unes des paroles de M. Victor Hugo soient répandues ce soir dans Paris, et se répandent demain dans la France entière, sans une seule rectification. » C'est peine perdue. Les journaux du lendemain relaient l'expression. *La Presse* s'en réjouit : le 17 juillet a claqué en séance « le fouet de l'histoire, de l'histoire impartiale, impartialement racontée dans le magnifique langage de Victor Hugo ». *Le Constitutionnel* s'en indigne : l'orateur a fait preuve d'une « révoltante impudeur ».

Hugo sait le pouvoir des mots. Pour forger son insulte, il a repris à son compte des éléments très divers. Il sait sans doute qu'au tournant du XVIIIe et du XIXe siècle, les Britanniques ont baptisé le consul Bonaparte « Little Boney » (jeu de mots intraduisible puisque « Boney » est à la fois le diminutif de Bonaparte et une variation sur *bone* qui signifie « os ») ou qu'une chanson intitulée *Les Trois Chapeaux* (1849) conte les mésaventures de Louis Napoléon, son neveu, essayant sans le moindre succès trois couvre-chefs de l'oncle, infiniment trop grands pour lui. Il a entendu et parfois retranscrit dans ses carnets des insultes et des moqueries adressées sous la IIe République à certains de ses collègues petits par la taille : Louis Blanc, Adolphe Thiers.

« Na-po-lé-on-le-Pe-tit » est bien rythmé. Les quinze lettres de l'expression forment sept syllabes, avec une alternance consonne-voyelle presque parfaite. La formule est éclatante, facile à retenir, agréable à prononcer, amusante ! Grâce à « Napoléon le Petit », l'orateur s'empare d'une partie du prénom de sa victime et lui impose le qualificatif de son choix. Il dépossède son adversaire de son nom propre. En outre, par le choix de « petit », il rabaisse le président au physique comme au moral. Il en fait un être faible, ridicule, dépourvu d'autorité, d'éclat, d'élévation. Héritier grotesque, « Napoléon le Petit » ne tient pas la comparaison avec son oncle, le Bonaparte d'Arcole ou le Napoléon d'Austerlitz, ni avec les autres « grands » de l'histoire, à commencer par Charlemagne (c'est-à-dire Carolus Magnus, ou encore Charles le Grand). Pour accentuer l'effet de contraste, il place son attaque finale au terme d'une tonitruante tirade :

> « Quoi ! parce que, il y a dix siècles de cela, Charlemagne, après quarante années de gloire, a laissé tomber sur la face du globe un sceptre et une épée tellement démesurés que personne ensuite n'a pu et n'a osé y toucher – et pourtant il y a eu dans l'intervalle des hommes qui se sont appelés Philippe Auguste, François Ier, Henri IV, Louis XIV, quoi, parce que, mille ans après, car il ne faut pas moins d'une gestation de mille années pour reproduire de pareils hommes, un autre génie est venu, qui a ramassé ce glaive et ce sceptre, et qui s'est dressé debout sur le continent, qui a fait l'histoire gigantesque dont l'éblouissement dure encore, qui a enchaîné la Révolution en France et qui l'a déchaînée en Europe ; qui a donné à son nom, pour synonymes éclatants, Rivoli, Iéna, Essling, Friedland, Montmirail ! Quoi ! Parce que après dix ans d'une gloire immense, d'une gloire presque fabuleuse à force de grandeur, il a, à son tour, laissé tomber d'épuisement ce sceptre et ce glaive qui avait [*sic*] accompli tant de choses colossales, vous venez, vous, vous voulez, vous, les ramasser après

lui, comme il les a ramassés, lui, Napoléon, après Charlemagne, vos voulez prendre, dans vos petites mains, ce sceptre des Titans, cette épée des géants ! Pour quoi faire ? Quoi ! Après Auguste, Augustule ! Quoi ! Parce que nous avons eu Napoléon le Grand, il faut que nous ayons Napoléon le Petit ! » (*Le Moniteur universel*).

On imagine aisément Victor Hugo à la tribune, lancé à l'assaut d'un Bonaparte qui, absent de l'Assemblée le 17 juillet, ne peut répondre – c'est dire au passage la brutalité de l'insulte. On comprend aussi la fureur des partisans du président, décrits comme des nains aux « petites mains », tournés en ridicule. Par les mots, mais aussi par le ton (« Napoléon le Petit » est exclamatif) et sans aucun doute par le geste, Hugo retrouve en 1851 les accents de Démosthène, déchaînant plus de vingt siècles auparavant son implacable éloquence contre Philippe de Macédoine.

On devine aussi sans peine l'ambiance qui règne le 17 juillet 1851 dans le chaudron de l'Assemblée législative. Les débats portent ce jour-là sur un projet de révision de la Constitution républicaine de novembre 1848 : les partisans de Louis Napoléon veulent rendre possible une réélection du président de la République et revenir par là sur l'un des piliers du modèle républicain de 1848. D'où la stratégie de Hugo : s'il dénonce au début de son discours la monarchie sous ses deux espèces – la « monarchie de principe », et cette « monarchie de gloire » que représente selon lui le modèle impérial – il affine ensuite sa pensée : il ne s'en prend en fait ce jour-là ni à la monarchie en général, ni à la « monarchie de gloire », mais à la monarchie de fausse gloire. Il ne rejette pas en bloc l'héritage impérial, mais sa parodie version 1851. Il ne stigmatise pas les « grands », il raille les « petits ». Il veut détacher du camp présidentiel ceux qui représentent à l'Assemblée une droite attachée à l'histoire de ses rois et amoureuse de vraie gloire.

Il sait combien la partie est difficile. Il cristallise de très fortes hostilités au sein de l'Assemblée de la IIe République. Depuis son premier discours de juin 1848, il essuie systématiquement l'ironie et le mépris, les mots gorgés de fiel, les éclats de rire ravageurs. En juillet 1850, il est interrompu cent douze fois pendant son intervention sur la liberté de la presse. Lorsqu'il prend la parole le 17 juillet 1851 contre le président et ses partisans, il reste dans l'incertitude : l'Assemblée est incontrôlable. Son discours est interrompu « plus de cent fois » selon *La Presse* qui n'exagère qu'à peine.

Il sait en particulier que les hommes du président ne lui pardonnent pas d'avoir changé de camp. En décembre 1848, il a accueilli favorablement l'élection de Bonaparte à la présidence de la République. Mais un an et demi plus tard, l'entente a volé en éclats. Les adversaires de Hugo lisent dans ce revirement l'amertume du poète orgueilleux qui n'a pas reçu du président un portefeuille ministériel ardemment désiré : de la tribune, Falloux le campe le 17 juillet 1851 en serviteur de tous les régimes, en girouette politique, en « poète pindarique ». Ses proches pensent plutôt que la rupture s'est faite au moment de l'expédition de Rome : Hugo n'aurait pas pardonné à Bonaparte un double jeu funeste à la liberté des peuples. Hugo stigmatise dans un poème d'octobre 1849 le président et les siens, coupables selon lui d'avoir défendu le pape Pie IX contre les patriotes italiens : il décrit l'« abaissement » et la « petitesse » d'adversaires « d'une chétive espèce », « pauvres nains vainqueurs ». Près de deux ans avant le discours de juillet 1851, les ingrédients de « Napoléon le Petit » sont déjà rassemblés.

Le poète et le parjure

Le projet de révision constitutionnelle est finalement rejeté par l'Assemblée. Bonaparte choisit alors de sortir de la légalité : foulant aux pieds la Constitution de 1848, il court-circuite l'Assemblée nationale par le coup d'État du 2 décembre 1851, il écrase toutes les résistances, il devient prince-président, puis empereur. À l'Assemblée législative succède un Corps législatif sans autorité, atone, composé de deux cent soixante et un députés ayant juré fidélité au chef de l'État, dépourvu même de tribune pour les orateurs.

En exil, déterminé à dénoncer l'usurpateur, Hugo projette d'abord d'écrire une histoire du Deux Décembre, puis il s'attelle à un pamphlet qu'il publie en Belgique durant l'été 1852 : *Napoléon le Petit*. Le livre module inlassablement l'attaque de l'été 1851. « Criminel », « filou », « bouffon », le parjure est aussi et surtout un tout petit homme. Hugo le dénomme « Napoléon le Petit », « Louis Bonaparte », « M. Bonaparte », « Bonaparte le Petit », « pygmée », « avorton », « Césarion », « Augustule », « Naboléon ». L'homme, met en garde Hugo, est contagieux : il « a amoindri les âmes ». La présentation du pamphlet, rédigée par Hugo à la troisième personne du singulier, jette un pont de part et d'autre du Deux Décembre :

> « Dans un de ses plus énergiques discours à l'Assemblée, Victor Hugo avait lancé courageusement ce sobriquet de Napoléon le Petit à la tête du président qui s'apprêtait à se parjurer ; il l'a repris, après le parjure, pour en faire le titre d'un livre, qui est la plus virulente protestation contre le coup d'État de décembre. »

On appréciera la saveur de la singulière relecture de l'événement dans *Napoléon le Petit*. Hugo prétend que le président Bonaparte était présent à la séance du 17 juillet pour que l'orateur lui lance son insulte « à la tête » ; il en fait dès l'été 1851 le parjure qu'il ne devient qu'à l'automne. Peu lui importe : l'essentiel est de faire le plus mal possible. Bonaparte doit rester à jamais « le Petit ». Avec *Napoléon le Petit,* l'insulte initiale quitte ainsi la tribune pour s'installer dans l'univers de l'écrit. Elle se fixe dans la durée. Une deuxième vie – vie clandestine, vie de papier – commence pour elle.

« Comme Jésus, je frappe de toutes mes forces. Nap.-le-Petit est violent. Ce livre-ci sera violent », écrit Hugo à son éditeur Hetzel début 1853. De fait, *Châtiments* prend le relais de *Napoléon le Petit*, et de nombreuses pièces du recueil poétique traduisent à leur tour l'acharnement du poète. Dans « Éblouissements », l'empereur est « Napoléon le Nain ». Dans « Nox », « le nain grimpe au géant [Napoléon Ier] ». Dans « Querelles du sérail » : « Après Danton, Saint-Just et Mirabeau, ces hommes, / Ces titans – aujourd'hui, cette France où nous sommes / Contemple l'embryon ! / L'infiniment petit, monstrueux et féroce ! / Et, dans la goutte d'eau, les guerres du volvoce / Contre le vibrion ! » La composition même de *Châtiments* est caractéristique. La XIIe pièce de « L'autorité est sacrée » (décembre 1852) consiste en un très court poème contre Napoléon le Petit ; vient immédiatement après un très long poème pour Napoléon [le Grand]. Le recueil paraît à Bruxelles en novembre 1853 tandis que *Napoléon le Petit* poursuit son existence clandestine et que, depuis août 1853, sont en vente les *Œuvres oratoires* de Victor Hugo, qui contiennent le discours du 17 juillet.

Dans la France impériale, des exemplaires ou des pages de *Napoléon le Petit* sont saisis dans les bottes d'un gentilhomme de Vire (septembre 1852), chez un cordonnier colporteur lyonnais (juillet 1853), dans des bustes de plâtre représentant Napoléon III et transportés sur le chemin de fer du Nord (octobre 1853). Le rapport de force est pourtant très défavorable à l'exilé : *Châtiments* circule moins encore que *Napoléon le Petit* ; la surveillance et la répression contre les menées des opposants portent leurs fruits ; les victoires remportées par les troupes françaises en Crimée au milieu des années 1850 ainsi que l'ordre et la prospérité ambiante désamorcent une partie des hostilités. L'Empire s'enracine. Hugo est contraint d'en tenir compte : dans « On loge à la nuit » (écrit en février 1853), l'empereur est « Tom-Pouce Attila », subtil mélange de ridicule et de brutale puissance.

Si sa haine ne faiblit pas, Hugo est contraint de se replier sur son œuvre d'écrivain. Pour ne pas se couper du lectorat français, il suspend son offensive. Aucune attaque contre le parjure n'est décelable dans *Les Misérables* (1862). Mais l'écrivain entend défendre son œuvre contre toute menace de censure. « Si M. Bonaparte persécute *Les Misérables*, écrit-il en mai 1862, la littérature en dedans de la France m'étant fermée, je reprendrai la littérature du dehors et je recommencerai la guerre de *Napoléon le Petit* et de *Châtiments*. » L'Empire autorise la diffusion des *Misérables* sur le territoire français. Le roman se vend bien. À la fin des années 1860, la colère de Victor Hugo contre l'empereur s'est atténuée – du moins ne s'exprime-t-elle plus avec la virulence de naguère. Le proscrit reste inflexible sur les conditions de son éventuel retour en France. Mais l'expression « Napoléon le Petit » ne résonne plus.

L'insulte après Napoléon III

Après la défaite militaire de l'été 1870 contre l'armée prussienne et l'effondrement du Second Empire, « Napoléon le Petit » renaît de ses cendres. *Châtiments* paraît en octobre 1870 dans une version augmentée et retravaillée : *Les Châtiments*. Le succès est immense (plus de vingt mille exemplaires sont vendus en quatre mois). C'est ensuite le tour de *Napoléon le Petit*, mis en vente le 2 décembre 1870, dix-neuf ans tout juste après le coup d'État. « Napoléon le Petit » connaît alors la gloire réservée aux formules historiques. Le *Grand Dictionnaire universel du XIXe siècle* de Pierre Larousse, à son entrée « Hugo » (1872), héroïse la scène fondatrice de juillet 1851 :

« Quand il s'agit de combattre la réélection de Louis Bonaparte, il occupa la tribune pendant plusieurs séances, avec un éclat qu'il n'avait pas encore atteint et qu'il n'a point dépassé. [...] En face de celui qui, le lendemain, allait le proscrire, Victor Hugo ne craignit pas de le cribler de sarcasmes et de l'appeler déjà Napoléon le Petit et Augustule. Ces terribles séances de novembre 1851, pendant l'une desquelles il faillit s'évanouir à la tribune, après avoir parlé cinq heures contre le rétablissement de l'Empire, qu'il prévoyait, doivent lui être comptées comme une des plus belles campagnes de sa vie. »

Le texte amplifie et dramatise démesurément la scène : Hugo n'a occupé la tribune que le 17 juillet (et non à plusieurs reprises en novembre) et, faut-il le rappeler, son adversaire n'était pas face à lui. Mais peu importe aux yeux du rédacteur. L'insulte à Bonaparte est érigée ici en haut fait de l'histoire républicaine. La mort même de l'empereur déchu (1873) ne met pas un terme au processus, bien au contraire. L'entrée « Napoléon III » (1874) du *Larousse* est habitée par la présence de Hugo : « [...] Napoléon III repose à Chislehurst ; si la France, qui, grâce aux Bonaparte, a vu par trois fois son sol envahi, lui doit une épitaphe, ce ne peut être que celle-ci : Napoléon le dernier ! » ; suivent un extrait de *Napoléon le Petit* et un extrait des *Châtiments*, une citation (« Il est douteux que l'histoire conserve à l'oncle le nom de Napoléon le Grand, mais il est certain qu'elle serait indulgente en n'appelant le neveu que Napoléon le Petit »). Un article élogieux à l'entrée « *Napoléon le Petit* » (« un livre qui restera ; il faut le lire et le relire ») complète le dispositif.

Hugo contribue très efficacement à ce travail d'enracinement. Il ne cesse de perfectionner son œuvre écrite. Pour *Les Châtiments*, il reprend son discours du 17 juillet 1851, il le colore de teintes nouvelles, il le complète à son gré. À l'en croire, il aurait employé l'expression insultante à deux reprises ; peu après la première profération, il se serait écrié : « Eh bien, si la tribune est respectée, je vais voir. Je continue. Non ! Après Napoléon le Grand, je ne veux pas de Napoléon le Petit ! » Puis, pour *Actes et Paroles* (1875), il réécrit une fois encore le discours du 17 juillet, ajoute des indications scéniques (« Profond silence », au moment où il prend la parole). Il aménage même les réactions des représentants après « Napoléon le Petit » : il prend cette fois ses distances vis-à-vis de la version du *Moniteur*, trop pâle à son goût (« Applaudissements et rires prolongés sur quelques bancs à gauche. Rumeurs sur plusieurs bancs à droite ») pour lui préférer celle de *La Presse* : « La gauche applaudit, la droite crie. La séance est interrompue pendant plusieurs minutes. Tumulte inexprimable. »

La publication d'*Histoire d'un crime* (1877) est l'ultime remobilisation remarquable de l'écrivain contre l'adversaire défunt, cette fois par ricochet. Les circonstances exigent selon lui la publication du texte commencé au lendemain du coup d'État de 1851, laissé ensuite en jachère, mais jamais abandonné : « Ce livre est plus qu'actuel ; il est urgent. Je le publie. V. H. Paris, 1er octobre 1877. » Il s'agit pour lui de prendre parti après la crise constitutionnelle qui en mai a menacé la République naissante lorsque le président Mac-Mahon a décidé de dissoudre la Chambre des députés. En dénonçant les menées royalistes et bonapartistes, Hugo revient une fois encore à l'homme du Deux Décembre et fait rejouer l'opposition grand-petit. Le parjure de 1851 est « M. Louis Bonaparte », un homme de « chétive pensée ». Ainsi l'insulte « Napoléon le Petit » et toutes ses modulations entrent-elles dans l'argumentaire républicain contre les menaces bonapartistes sous la IIIe République, et ensuite.

La vie de l'insulte après la mort de Hugo

Lorsqu'ils dénoncent l'antiparlementarisme du général Boulanger (fin des années 1880), de Paul Déroulède (1899), des manifestants du 6 février 1934 ou des généraux partisans de l'Algérie française (fin des années 1950, début des années 1960), les défenseurs d'un régime adossé sur un Parlement ont coutume de rappeler le précédent du coup d'État du 2 décembre. De même, en réaction à la réforme électorale de 1962 – l'élection du président de la République au suffrage universel –, François Mitterrand dans *Le Coup d'État permanent* (1964) ou encore Jacques Duclos dans *De Napoléon III à de Gaulle* (1964) stigmatisent les appétits dictatoriaux du général, coupable selon eux d'abaisser les Chambres et de revenir aux pratiques plébiscitaires de l'Empire. La condamnation du bonapartisme au nom du parlementarisme reste d'actualité et le spectre de « Napoléon le Petit » continue d'habiter les consciences.

Aujourd'hui encore, aucun débat sur l'héritage du Second Empire ne peut faire l'économie de « Napoléon le Petit ». Maître d'œuvre du *Dictionnaire du Second Empire* (1995), Jean Tulard se livre à une tentative de réhabilitation du régime contre Hugo : « Napoléon le Petit, celui de la tradition hugolienne, paraît devoir s'effacer devant l'image d'un libéral évolué, d'un homme moderne, en avance même sur son temps. » D'après Jean Tulard, c'est Philippe Séguin qui a prononcé, cinq ans plus tôt, le premier avis de décès de l'insulte : « Son *Louis Napoléon le Grand* rompt nettement avec le *Napoléon le Petit* de Victor Hugo. » Pour Philippe Séguin, la réhabilitation de Louis Napoléon passe par la stigmatisation de Hugo. Il convient donc, par exemple, d'insulter l'insulteur qui s'est comporté le 17 juillet 1851 non comme un homme mais comme un chien : « S'agrippant aux basques de son souffre-douleur, [il] jappe, aboie, hurle, et il ne le lâchera jamais plus. » On peut légitimement s'interroger sur l'efficacité du procédé, puisque « Louis Napoléon le Grand » n'est que le pâle reflet inversé de « Napoléon le Petit ». Le même constat s'impose à la lecture du *Napoléon III* de Pierre Milza (2004). « Je ne pense pas, indique le biographe, qu'il soit très utile de se demander lequel des deux Napoléon fut le "grand" ou le "petit". » Et pourtant... Hugo contamine la biographie, du portrait de couverture cadré très grand jusqu'à l'index, en passant par l'évocation du discours du 17 juillet 1851, « gifle » au président. C'est ainsi qu'au moment même où il dénonce « la légende noire de "Napoléon le Petit" », Milza en alimente la circulation.

Aujourd'hui, c'est sur Nicolas Sarkozy que se fixent, çà et là, les nouvelles formulations de « Napoléon le Petit ». L'appétence du président pour le pouvoir personnel, la situation de sujétion dans laquelle il tient l'Assemblée nationale, ses rêves de gloire ou encore sa petite taille font de lui, selon certains de ses détracteurs, un héritier direct de Louis Napoléon Bonaparte. Divers sobriquets en circulation (« le Petit Nicolas » ; « Naboléon »...) en témoignent, tout comme cet article du *Guardian* publié dans le sillage de l'élection présidentielle, le 10 juillet 2007 : « M. Sarkozy ressemble beaucoup plus à un autre

Napoléon, Napoléon le Petit comme l'avait surnommé Victor Hugo. » Phénomène de surface ? Un soupçon de bonapartisme pèse indéniablement sur le président actuel. Et la reprise de l'insulte forgée par Hugo en ce début de XXIe siècle montre que l'écrivain a réussi à marquer au fer Bonaparte et le bonapartisme. Même si « Napoléon le Petit » n'a pas changé le cours de l'histoire, Hugo s'est adjugé aux dépens de son adversaire la maîtrise du langage et la maîtrise du temps : il a symboliquement pris le contrôle d'un Bonaparte silencieux en le rebaptisant ; son insulte a défié les années et les siècles. En somme, Hugo a contribué à fabriquer dans le même temps deux personnages – son adversaire et lui-même – et deux modèles politiques – le parlementarisme républicain et le bonapartisme – en un seul et même mouvement de sculpture de l'autre et de sculpture de soi. La mort des protagonistes n'y a rien changé ; aujourd'hui encore, écrire ou dire « Napoléon le Petit », c'est réactiver la rupture de l'été 1851.

6

Haro sur les « ruraux »

Insultes républicaines contre la France des châteaux
(1871)

« Ruraux », une insulte ? On a peine à le croire aujourd'hui. Or, il y a près de cent quarante ans, ce mot se charge pendant quelques semaines de violence et de mépris. Un tel processus est à replacer dans le contexte exceptionnel de l'heure : à la mi-février 1871, des centaines de députés traumatisés par la défaite militaire s'opposent sur la nature d'un régime en gestation. Ils rejettent pour la plupart l'héritage politique d'un Second Empire qui a étouffé pendant une quinzaine d'années toute vie parlementaire, avant d'autoriser le retour du débat dans la seconde moitié des années 1860, sous la pression des oppositions. En revanche, ils se déchirent sur l'avenir politique de la

France : république ou monarchie ? Ils trouvent mille occasions de friction dans un cadre pour le moins inhabituel : la salle d'un grand théâtre de province.

Traumatisme : l'humiliant armistice

L'Assemblée de février 1871 est fille de la défaite. La guerre franco-allemande déclenchée le 17 juillet 1870 par Napoléon III contre la Prusse a très vite conduit à une succession de cuisants revers pour la France : désastre de Sedan (2 septembre), capitulation de Metz (27 octobre), débandade de Bourbaki en Franche-Comté et échec à Buzenval et Montretout des troupes assiégées dans Paris (janvier 1871). Lorsque le gouvernement de la Défense nationale, né sur les décombres de l'Empire après la proclamation de la République à l'Hôtel de Ville (4 septembre 1870), demande et obtient l'armistice fin janvier 1871, les armées allemandes contrôlent une quarantaine de départements français et assiègent Paris depuis plus de quatre mois. Pour préparer et ratifier la paix, les vainqueurs exigent que le gouvernement laisse place à une Assemblée nationale. Les élections législatives, organisées dans l'urgence à l'issue d'une campagne électorale d'une dizaine de jours seulement – la plus courte de toute l'histoire républicaine –, se déroulent le 8 février 1871. La question de la paix avec l'Allemagne domine la campagne et hante les esprits des élus. Ils sont pour la plupart persuadés qu'il faut signer cette paix au plus vite pour soulager les souffrances du pays, en atténuant dans la mesure du possible certaines exigences des vainqueurs. Une minorité d'entre eux pensent différemment : ils vont répétant que le vrai patriotisme ne s'accommode pas de la défaite et que tous les moyens sont bons, y compris la guerre à outrance, pour défendre comme sous la Révolution française la « patrie en danger ». Léon Gambetta, qui a refusé la convention d'armistice et a démissionné du gouvernement de la Défense nationale le 6 février, est l'un de leurs porte-parole ; élu en février dans neuf départements, il choisit de représenter le Bas-Rhin menacé d'annexion.

Dans les premiers jours de la session parlementaire, deux épisodes traduisent bien la tension et les incertitudes ambiantes. Le 13 février, une lettre adressée par Giuseppe Garibaldi au « citoyen président de l'Assemblée nationale » est lue aux députés : le patriote italien, combattant de la Défense nationale, annonce qu'il ne siègera pas malgré son élection dans plusieurs départements. Il exprime de la sorte son opposition avec la majorité conservatrice et cléricale de l'Assemblée, opposée à la validation de son élection. Lorsque Garibaldi demande la parole en fin de séance, le président lui explique que la clôture vient d'être prononcée ; cette fin de non-recevoir entraîne de véhémentes protestations dans l'opposition et dans le public des tribunes. Quatre jours plus tard, le député Keller, envoyé à l'Assemblée par les électeurs alsaciens, dépose une proposition aux termes de laquelle les représentants de l'Alsace et de la Lorraine protestent d'avance contre toute décision qui les séparerait de la « patrie commune ». Leur initiative reçoit un accueil chaleureux, mais un malaise s'installe très vite : les députés favorables à une paix rapide ne donneront certainement pas suite à cette revendication incompatible avec la volonté du vainqueur.

Tensions : monarchistes et République

Le traitement réservé à Garibaldi et l'attentisme de fait vis-à-vis de l'Alsace et de la Lorraine irritent doublement des députés dont le patriotisme ombrageux s'accompagne d'une profonde ferveur républicaine. Car les divergences sur la guerre et la paix recoupent des désaccords politiques profonds. Deux forces s'opposent dans l'Assemblée de février : conservateurs de sensibilité monarchiste d'une part, républicains d'autre part – le bonapartisme, exsangue, n'est plus représenté que par deux douzaines de députés. Les monarchistes dominent : ils sont environ quatre cents et forment à eux tous une large majorité de l'Assemblée. Certains sont légitimistes, d'autres orléanistes, mais ils s'accordent sur l'essentiel en cette fin d'hiver

1871 : garantir la tranquillité du pays en signant la paix, œuvrer à la réinscription des principes monarchiques dans les institutions. Dans *Le Charivari* du 16 février, Daumier représente une vingtaine d'entre eux debout le long d'une table où repose une République endormie flanquée d'un long couteau ; la lithographie s'intitule *L'Assemblée de Bordeaux. Qui prendra le couteau ?* La crainte de Daumier n'est guère fondée, car les monarchistes croient sage de ne pas chercher à prendre le pouvoir en ce temps d'humiliation militaire et de crise politique. En outre, ces notables conservateurs ont pour la plupart une très faible expérience de la vie politique en général, et du débat parlementaire en particulier : presque tous ces hommes, les cheveux blanchis déjà par les années, ne jouissaient jusqu'alors que d'une notoriété locale et exercent en février 1871 leur tout premier mandat national. Enfin, ils se trouvent souvent sur la défensive face à des républicains près de trois fois moins nombreux mais dont certains, pourvus de l'expérience du combat politique à la fin du Second Empire ou même sous la IIe République, défendent avec énergie le régime proclamé le 4 septembre. Tout oppose les monarchistes et les républicains convaincus, y compris leurs tenues respectives. Les premiers se font par exemple remarquer par d'invraisemblables couvre-chefs : « Imaginez, ironise Émile Zola dans *La Cloche* du 15 février, tous ces hobereaux du temps de Charles X ou de Louis-Philippe, soigneusement conservés bien qu'un peu couverts de poussière. Ce sont surtout les chapeaux qui sont incroyables. Il y en a de toutes les formes. » Ces hommes, dont plus de cent cinquante représentent l'ancienne noblesse, sont souvent des propriétaires terriens élus dans des départements à forte prédominance rurale, peu habitués aux pratiques politiques urbaines. À l'inverse, leurs adversaires républicains viennent en général de la bourgeoisie des grandes villes. Il existe, certes, de nettes nuances à l'intérieur du camp républicain entre un centre gauche très modéré – y compris sur la question de la paix et sur la nature des institutions – et une aile gauche plus radicale, bien incarnée par la grande majorité des quarante-trois députés désignés par la capitale : Louis Blanc, Charles Delescluze, Charles Floquet, Léon Gambetta, Giuseppe Garibaldi, Henri Rochefort... Le clivage entre monarchistes et républicains joue pourtant à maintes reprises. Dans la séance du 16 février, tout le côté gauche crie : « Vive la République ! » et le reste de l'Assemblée riposte par un : « Vive la France ! » Zola (*La Cloche*, 19 février) dénonce le « jésuitisme exquis » d'une droite criant « France » et rêvant « roi ».

Jules Grévy, un républicain bon teint élu président de l'Assemblée le 16 février, partisan de la signature de la paix avec l'Allemagne, tente de désamorcer au fil des séances ces fortes tensions. Adolphe Thiers s'emploie lui aussi à sauvegarder l'unité de l'Assemblée en vue d'une paix qu'il veut rapide. Élu par vingt-six départements, il est l'homme fort du moment. Après que les membres du gouvernement de Défense nationale ont passé le témoin en remettant leur démission à l'Assemblée, il est désigné chef du pouvoir exécutif de la République française. Il fait en sorte, par le « pacte de Bordeaux », que le débat sur la nature du régime soit remis à plus tard. Sa prudence échauffe les esprits républicains : Louis Blanc s'élève le 17 février contre l'idée d'une république à titre provisoire et affirme que « le suffrage universel ne peut rien contre la république ». La gauche applaudit. La droite proteste. Les députés de février 1871 dansent sur un volcan.

Frictions. L'Assemblée transplantée

L'Assemblée de février 1871 ne peut siéger dans une capitale placée sous la pression militaire allemande et en proie à une très vive ébullition. Elle s'installe à Bordeaux. Victimes de la désorganisation du réseau ferroviaire, les élus rejoignent tant bien que mal ce « bout du monde » (Jules Claretie, dans *L'Illustration* du 25 février). Ils ne sont encore que deux cent cinquante à la première séance publique, le 13 ; le lendemain, deux cents autres les ont rejoints ; les deux cents derniers arrivent plus tard tandis qu'une centaine de sièges restent vacants. Les élus découvrent une ville qui frémit de colère ou d'enthousiasme. C'est là que s'est repliée en janvier la délégation gouvernementale chargée de la résistance aux Allemands et dirigée par Gambetta ; là aussi, des centaines de républicains réunis au Grand-Théâtre ont solennellement protesté le 29 janvier contre l'armistice, exigé que le pouvoir reste aux mains de Gambetta, affirmé leur volonté de poursuivre la guerre ; là encore, Gambetta a réuni beaucoup plus de voix que Thiers aux élections du 8 février. La garde nationale bordelaise et des groupes de citoyens ovationnent Garibaldi à son arrivée le 12 février, expriment haut et fort leurs convictions, en ville et aux abords de la salle des séances.

Les monarchistes en font les frais : le 17 février, le député Benoist d'Azy signale que les jours précédents, tandis qu'il était encore le président de l'Assemblée, des députés se sont plaints à lui du comportement vindicatif d'une « population surexcitée ». Son intervention déclenche des « réclamations sur plusieurs bancs du côté gauche » et Rochefort demande que « surexcitée » soit reformulé en « républicaine ». Le conservateur Lestourgie rétorque que « ce sont des étrangers ; ils ne sont pas de Bordeaux ». La défaite militaire alimente chez les monarchistes le rejet de l'autre (l'Italien ; le non-Bordelais) et la peur d'une invasion de l'Assemblée. C'est pourquoi beaucoup d'entre eux exigent que les séances soient protégées de l'extérieur non par la garde nationale, mais par l'armée. Les républicains en sont scandalisés. « Cette agglomération de soldats de toutes armes, déclare Rochefort le 18 – je crois, ma parole, avoir vu des canonniers ! –, est à la fois une offense pour l'Assemblée, pour la population de Bordeaux et pour la garde nationale. (*Exclamations.*) » La veille déjà, le député Langlois s'indigne « que l'on dise que l'armée seule représente la France » ; ses propos déclenchent des réactions outrées dans les rangs de la droite et un député réclame que l'attaque soit sanctionnée par un internement dans l'asile le plus célèbre de l'époque (« À Charenton, l'énergumène ! »). La gauche proteste avec véhémence contre cet appel violent à l'expulsion – au moins symbolique – du député hors de l'hémicycle ; Langlois, choqué d'être traité de fou, rappelle ses faits d'armes : « Il me suffira de répondre à l'honorable député qui a demandé que je sois envoyé à Charenton, que je voudrais bien qu'il eût été avec moi à Buzenval et à Montretout. (*Très-bien ! Très-bien ! autour de l'orateur.*) » Alphonse Peyrat demande en fin de séance « un rappel à l'ordre en raison de l'insulte adressée à ceux qui ont été traités d'énergumènes » (*Journal des débats*, 21 février). Bien d'autres occasions de querelle surviennent pendant le très long et très fastidieux travail de vérification des pouvoirs des élus, qui occupe l'Assemblée plusieurs jours à partir du 13 février. Certains députés s'écharpent sur des élections contestées. La gauche dénonce le 16 l'ordre de vérification adopté :

« Il n'est pas convenable, se plaint Floquet, alors que le vote a eu lieu à Paris le 8 février et que nous sommes aujourd'hui le 16 février, que le département de la Seine ne soit pas légalement représenté dans cette Assemblée. » Un membre à droite rétorque qu'« il n'y a pas plus d'urgence pour les élections du département de la Seine que pour celles des autres départements ». Républicains des villes et monarchistes des campagnes ne cessent de se mesurer par les mots.

Le cadre des séances, enfin, favorise sans doute la dramatisation des débats et les excès verbaux : les députés siègent au Grand-Théâtre de Bordeaux auquel on a « hâtivement fait subir les modifications nécessaires » (*Journal officiel* du 15 février). Les députés agglutinés face à la scène ou aux premiers balcons écoutent (ou n'écoutent pas) les orateurs installés sur une estrade échafaudée à l'avant-scène. Les journalistes et le public occupent le poulailler et surplombent l'assemblée. Ils sont eux aussi très à l'étroit ; la situation qui leur est faite, laisse entendre Georges Clemenceau le 19 février, traduit une volonté délibérée de les tenir à l'écart.

Ce qui se crie contre les « ruraux »

Mille querelles enchevêtrées secouent ainsi l'Assemblée de Bordeaux à la mi-février 1871. Chaque séance est scandée par des mouvements de colère et d'indignation. On peine pourtant à reconstituer dans les détails tout ce qui se dit avec tant de violence. Par chance, « énergumène » est retranscrit ; mais le plus souvent, le *Journal officiel* n'évoque que des « bruits », des « mouvements », de l'« agitation », des « interpellations », d'autant que les victimes d'insultes hésitent à les répéter, sans doute par crainte d'en réactiver la charge. Pour savoir ce qui se dit, on en est réduit à glaner ici et là des indices parfois discordants.

Le jeune avocat gambettiste Gaston Crémieux, correspondant du journal républicain marseillais *L'Égalité* – « un énergumène [...] qui a fait sa réputation dans les clubs de Bordeaux » (*Le Gaulois*) –, invective en fin de séance du 13 février les députés hostiles à la prise de parole de Garibaldi. Les propos de Crémieux ne sont divulgués que progressivement hors du Grand-Théâtre. Le *Journal officiel* ou le *Journal des débats* n'en soufflent mot. D'après *La Gironde* du 15 février, Crémieux se serait écrié : « Députés ruraux, écoutez Garibaldi ! » Le lendemain, dans *La Gazette du Midi*, une autre version est rapportée sur la foi d'une correspondance Havas : « C'est une honte, vous n'êtes qu'une majorité rurale ! » D'après *Le Gaulois* du 17, « une voix fortement timbrée à l'accent marseillais s'écrie du haut d'une tribune du deuxième étage : "C'est odieux ! Majorité rurale ! Assemblée honte de la France !" et autres aménités ». L'insulte continue ensuite à se diffracter dans la presse sous diverses formes, jour après jour : « majorité rurale » (*La Cloche*, 19 février) ; « représentants ruraux » (*Le Vengeur*, 19 février) ; dans *Le Cri du peuple* du 25 février, Jules Vallès stigmatise le vote des « ruraux ». *Le Rappel* du 8 mars s'en prend à « messieurs les ruraux ».

Une insulte très comparable est proférée à l'extérieur de la salle des séances ; là encore, elle reste un moment masquée. Le marquis de Franclieu dénonce le 16 février des attaques indignes : « Nous avons été insultés hier et nous venons d'être insultés en arrivant ici. » Les députés républicains lui demandent alors de livrer à l'Assemblée la teneur de ces insultes. Floquet provoque Franclieu par l'ironie : « Si c'est du cri de "Vive la République", ce n'est une insulte pour personne. » Le marquis évite le piège : il ne livre pas les mots qui l'ont blessé. Le lendemain, lorsque Benoist d'Azy rappelle que certains députés se sont plaints à lui « d'injures, d'insultes, de menaces » (« d'avanies ! », renchérit « *un membre à droite* »), Rochefort demande à son tour des détails : « Quelles insultes ? Osez le dire ! » Tandis que Benoist d'Azy se garde bien de répondre, c'est un député dont le nom n'est pas même retranscrit au *Journal officiel* qui rapporte l'expression incriminée : « À bas les ruraux ! »

À en croire le marquis de Valfons, la « foule de Bordeaux » aurait par ailleurs scandé le slogan « chapeau bas » au passage des députés de la droite. Le marquis s'en indigne : « Nous sommes ici pour faire les affaires du pays et non pour obéir aux injonctions de la rue. » Ici s'exprime crûment la dimension sociale de l'hostilité : « Chapeau bas » signifie que les aristocrates doivent faire soumission au peuple. Ce rejet des hiérarchies traditionnelles et de l'autorité des grands propriétaires ruraux était déjà très sensible pendant la Révolution française. Ensuite, il s'est exprimé par exemple au début de la IIe République : Flaubert évoque dans *L'Éducation sentimentale* ces clubs parisiens du printemps 1848 où était entonnée la chanson *La Casquette* (« Chapeau bas devant ma casquette. / À genoux devant l'ouvrier. »)

En février 1871, « rural » et « ruraux » cristallisent dans la bouche des républicains un ensemble de jugements très dévalorisants. Les députés ruraux sont défaitistes, lâches, plus attentifs à la préservation de leurs biens fonciers qu'au sort tragique de la France ; ils ont l'esprit lourd, grossier, obtus ; réactionnaires invétérés, ils lorgnent vers la France archaïque des châteaux et des églises ; ils aiment le despotisme sous toutes ses formes. Cette hostilité a de profondes racines. Le républicanisme d'avant 1848, essentiellement urbain, n'exprimait qu'indifférence ou défiance vis-à-vis des campagnes. Sous la IIe République, les grandes villes ont été le théâtre le plus visible des combats contre les conservateurs. La résistance farouche au coup d'État de Bonaparte dans des départements ruraux du Centre-Est ou du Sud-Est n'a pas suffi à modifier ce système de représentation des républicains tandis que le soutien électoral apporté ensuite par les campagnes à Napoléon III n'a fait que creuser le fossé. Avec la chute du Second Empire, le schéma d'hostilité se reconfigure : les ruraux sont soupçonnés par les républicains de troquer un despotisme contre un autre, d'abandonner l'empereur pour se rallier au roi. Avec la crise de l'hiver 1871, « ruraux » s'impose comme insulte à part entière.

Le retournement de l'insulte

Face aux attaques républicaines, certains monarchistes choisissent de faire front et de brandir « ruraux » comme un étendard. Dès le 16 février, le marquis de Franclieu souligne avec satisfaction que l'électorat rural est très largement majoritaire en France : « Nous sommes la représentation de la France, nous avons pour nous les neuf dixièmes de nos concitoyens. » Le lendemain, *La Gazette de Nîmes* affirme même une supériorité rurale : « Députés ruraux ! Ne croyez pas cependant que cette épithète puisse jamais leur déplaire. C'est un nom dont ils sont fiers, car il peut mieux que tout autre exprimer leur mission qui est de défendre la partie la plus saine et la plus intéressante de nos populations. » La pratique du renversement de l'insulte n'est pas inédite : à l'autre extrémité de l'échiquier politique, le républicain Ledru-Rollin a retourné comme un gant, vingt-quatre ans plus tôt, l'appellation à l'origine très dépréciative de « radical ». Lors du banquet réformiste de Dijon (21 juin 1847), il s'est écrié : « D'un outrage faisons un drapeau ! » Et « un tonnerre d'applaudissements » s'est déclenché dans l'assistance lorsqu'il a déclaré d'une voix puissante : « Nous sommes des ultraradicaux ! »

Ce qui est plus original, c'est l'inversion de sens de « ruraux » à l'intérieur de la sphère républicaine à partir du début de l'été 1871, soit quatre mois seulement après les insultes de février. Le processus ne s'enclenche qu'après la Commune de Paris : pendant les dix semaines qui séparent sa naissance de son écrasement (18 mars-28 mai), les jugements des révolutionnaires parisiens restent extrêmement dépréciatifs, et « ruraux » en vient à définir tous les réactionnaires. Henri Bellenger dénonce le 24 mars dans *Le Cri du peuple* l'Assemblée composée de « ruraux, élus de l'ignorance affectée et de la peur ». Une affiche placardée le 16 avril décrit « Paris insulté par les vieilleries rurales de Versailles » (à cette date, l'Assemblée a quitté Bordeaux pour Versailles). Un texte de *Châtiments*, écrit par Hugo en novembre 1852 et orienté contre un électorat rural comparé à un « troupeau que la peur mène paître » ou à un « tas de brutes », est réédité dans *Le Rappel* du 10 avril sous un titre très révélateur : « Les ruraux ».

Dans *Le Vengeur* (19 avril 1871), Thiers est rebaptisé « Rural Ier ». C'est quelques semaines après la fin de la Commune de Paris que Gambetta rompt avec ce schéma. Il prononce à Bordeaux, le 26 juin 1871, à la veille d'élections complémentaires à l'Assemblée nationale, un discours fondateur où il dénonce la connotation insultante qui accompagne le terme « ruraux » dans l'esprit des républicains. « Les mots que les partis ont échangés, de ruralité, de Chambre rurale, il faut les relever, et ne pas en faire une injure. » Gambetta se démarque du radicalisme communaliste ; pour ouvrir aux républicains les portes du pouvoir, il s'emploie à leur rallier l'électorat rural. Il parie sur une alliance entre la bourgeoisie républicaine des villes et la paysannerie propriétaire. « Ah ! s'exclame-t-il le 26 juin, il faudrait désirer qu'il y eût une Chambre rurale dans le sens profond et vrai de ce mot, car ce n'est pas avec des hobereaux que l'on fait une Chambre rurale, c'est avec des paysans éclairés et libres, aptes à se représenter eux-mêmes. » C'est là le véritable acte de naissance d'un républicanisme rural – ou agrarisme républicain.

Si les mots « rural » et « ruraux » portent aujourd'hui encore une petite charge péjorative, l'hostilité vis-à-vis des campagnes passe par d'autres mots. Certains, fort anciens, se sont maintenus (« terreux » ou « cul-terreux »), d'autres ont été forgés après 1871 (« ploucs » ou « bouseux » dans les années 1880 ;

« péquenots » à l'orée du XXᵉ siècle) pour exprimer un mépris moqueur. Ces termes se distinguent de « ruraux » sur des points essentiels : ils visent les habitants plutôt que leurs élus, et leur portée est avant tout culturelle. La stigmatisation politique et sociale des représentants du monde rural perd l'essentiel de sa virulence au fil des IIIᵉ, IVᵉ et Vᵉ Républiques. C'est ce que prouve, par exemple, le destin du terme « hobereaux », désignant les gentilshommes campagnards réactionnaires. Gambetta l'emploie d'autant plus volontiers dans son discours du 26 juin 1871 que l'archétype du hobereau est alors le propriétaire foncier prussien. Le mot est déjà présent en 1869 dans *Un gentilhomme* de Jules Vallès – aux « robustes paysans » l'écrivain oppose les « hobereaux orgueilleux » ; on le trouve aussi, on s'en souvient, sous la plume de Zola à la mi-février 1871 (« tous ces hobereaux du temps de Charles X ou de Louis-Philippe »), puis dans plusieurs volumes des *Rougon-Macquart* ; quelques décennies plus tard, aux funérailles de Jean Jaurès (4 août 1914), Léon Jouhaux dénonce les criminelles responsabilités des « hobereaux de Prusse et […] grands seigneurs autrichiens » dans la montée des périls militaires. Ensuite, même si le terme réapparaît ici et là – par exemple pendant les années de Front populaire –, il tend à perdre toute portée insultante. La figure du gentilhomme campagnard réactionnaire devient anecdotique ; le mot « hobereaux » a aujourd'hui un petit parfum vieillot. En fait, les sources mêmes de l'insulte, si puissantes en 1871, sont largement taries. Un républicanisme modéré à assises rurales s'est imposé dans des institutions (Sénat, conseils régionaux et généraux…) ou incarné, au moins symboliquement, dans le destin de certains dirigeants (le président Mitterrand avec la bergerie de Latche et la roche de Solutré ; le président Chirac avec la Corrèze ou le Salon de l'agriculture). Le brouillage actuel des frontières entre l'urbain et le rural, le succès des thématiques de « retour au pays » ou les politiques de développement rural accentuent sans doute davantage encore le déclin de « ruraux » comme marqueur identitaire péjoratif imposé.

7

La chasse au Tigre

Clemenceau : du K-O verbal au K-O politique
(1892-1893)

Au petit matin du 22 décembre 1892, les députés Paul Déroulède et Georges Clemenceau se battent en duel. Le mois suivant, Déroulède affronte cette fois Stephen Pichon, un proche de Clemenceau, puis, au tout début de l'été 1893, il démissionne avec fracas de son mandat de député. À la fin de ce même été, Clemenceau essuie aux élections législatives une défaite qui interrompt pour plusieurs années sa carrière au Parlement, cœur du système politique de la IIIe République. À l'origine directe de tous ces événements et de bien d'autres encore, il y a un échange d'insultes entre Déroulède et Clemenceau à la Chambre des députés pendant la séance du 20 décembre 1892. Et à l'arrière-plan de ces insultes, on devine non seulement une hostilité entre deux adversaires politiques aux manières souvent brutales, mais aussi, pêle-mêle, l'onde de choc d'un scandale retentissant (Panamá), les effets de la montée de l'antisémitisme, la tentation de l'antiparlementarisme, le traumatisme persistant de la défaite essuyée contre l'Allemagne une vingtaine d'années plus tôt. À la fin 1892, la tension est extrême à la Chambre, dans les rédactions des journaux, dans les rues. Le duel de tribune entre Déroulède et Clemenceau est le symptôme d'une crise politique et morale majeure. La teneur des insultes échangées ce jour-là aide à comprendre qu'au soir du XIXe siècle, la IIIe République est en danger.

Déroulède et Clemenceau avant 1892

Paul Déroulède, l'homme qui s'en prend à Clemenceau le 20 décembre 1892, s'affirme depuis la défaite contre l'Allemagne comme un défenseur infatigable de la patrie meurtrie. Après avoir servi dans l'armée française contre la Prusse et ses alliées, il est le chantre de la Revanche (ses *Chants du soldat* écrits en 1872 en sont à leur cent vingt-neuvième édition en 1889). Il en appelle à l'héroïsme des Français pour retrouver l'honneur perdu. Influencé par les idées de Gambetta, il contribue activement à la fondation de la Ligue des patriotes (1882), puis il rompt avec les républicains au pouvoir pour s'engager sans retenue aux côtés de Boulanger, le « général Revanche » (seconde partie des années 1880) et pour exiger la dissolution de la Chambre des députés et une révision constitutionnelle. Son élection en Charente (septembre 1889) lui ouvre les portes de l'hémicycle ; il siège à l'extrême gauche avec les autres élus boulangistes. Il s'y fait très vite remarquer. Il proteste, il dénonce, il monte à l'assaut du gouvernement. Ses phrases s'enchaînent à un rythme particulièrement rapide. Il est incontrôlable lorsque la colère s'empare de lui. Ses amis voient en lui une sorte de Don Quichotte ; il est aux dires de ses ennemis un dangereux adversaire de la République.

Rappelé à l'ordre en séance dès le 25 novembre 1889, c'est-à-dire deux mois après son élection – la sanction ne l'empêche d'ailleurs pas de continuer à vitupérer et à gesticuler ensuite –, il est le 20 janvier 1890 responsable d'une véritable tempête parlementaire. Ce jour-là, il s'en prend très violemment à Jules Joffrin, dont il conteste la toute récente élection à Paris contre le général Boulanger. Lorsque le nouvel élu monte à la tribune, Déroulède crie qu'il doit son siège aux malversations du ministre de la Justice (« C'est un employé de M. Constans ! »). Joffrin essaie de faire entendre sa voix dans un indescriptible tumulte. Déroulède : « Qu'il aille d'abord se faire élire ! » Le président de séance Casimir-Perier ordonne à l'interrupteur de retirer ou d'expliquer ses propos, puis met au vote la censure, qui est adoptée. Déroulède : « Je suis heureux qu'après avoir violé la loi, les parlementaires m'appliquent le règlement. » Les députés votent son exclusion temporaire. Déroulède : « Voilà la dictature ! [...] Le suffrage ministériel remplace le suffrage universel ! » Mis en demeure de quitter la salle, il reste assis et ses amis boulangistes font corps autour de lui. Le président décide de lever la séance et de faire évacuer l'hémicycle. Le commandant militaire du Palais-Bourbon, d'après *Le Petit Journal*, « [lui] met la main au collet et lui dit : au nom de la loi, je vous somme de sortir ! » Déroulède quitte l'hémicycle. Après la reprise de la séance, les boulangistes Millevoye et Laguerre subissent tour à tour l'exclusion temporaire. La séance s'achève à la nuit tombée. La presse des jours suivants souligne le caractère scandaleux des insultes, vociférations, claquements de pupitres, empoignades du 20 janvier. Certains journaux rapportent des propos qui étaient restés inaudibles en séance. Parmi les paroles que « debout, à sa place, [Déroulède] prononce avec animation », il y a peut-être celles-ci, rapportées le 23 dans *La Liberté*, un journal suisse de Fribourg plutôt favorable au combat des boulangistes : « "Désinfectez la tribune", réplique M. Déroulède, faisant allusion au cancer qui ronge la lèvre de M. Joffrin. »

Georges Clemenceau, l'homme qui subit le 20 décembre 1892 l'attaque de Déroulède, est l'une des figures les plus marquantes de la vie parlementaire française après la défaite. Représentant à l'Assemblée nationale en 1871, député à partir de 1876 (de la Seine jusqu'en 1885, du Var ensuite), il siège très à gauche, parmi les radicaux. Le peintre Édouard Manet le représente en 1879-1880 solidement campé sur ses jambes, les bras croisés, le regard dur et fier. Les députés le craignent pour sa rugosité, son opiniâtreté, son irascibilité, sa susceptibilité extrême. Sa parole, relève son ami Pelletan, « est nue, trempée, aiguisée comme un fleuret ». Son surnom de « Tigre », il le gagne au fil de ses combats victorieux contre des ministères que sa parole assassine fait chuter à plusieurs reprises dans les années 1880. Au début du printemps 1885 (30 mars), il prononce un implacable réquisitoire contre le ministère Ferry à l'occasion de l'expédition du Tonkin – selon des informations qui circulent alors, l'armée française serait en très fâcheuse posture à Lang Son –, et plus généralement contre la politique coloniale du président du Conseil :

> « Oui, tout débat est fini entre nous ; nous ne voulons plus vous entendre, nous ne pouvons plus discuter avec vous des grands intérêts de la patrie. Nous ne vous connaissons plus, nous ne voulons plus vous connaître. […] Ce n'est plus un ministre,

ce ne sont plus des ministres que j'ai devant moi, ce sont des accusés ! […] Ce sont des accusés de haute trahison sur lesquels, s'il subsiste en France un principe de responsabilité et de justice, la main de la loi ne tardera pas à s'abattre. »

Le ministère sort exsangue de la séance. Le président du Conseil présente sa démission le jour même. Aux yeux de ses adversaires, il est « Ferry-Tonkin ».

Clemenceau se montre particulièrement intraitable sur deux questions : l'honneur de la patrie, son honneur personnel. Ses attaques contre Ferry renvoient à sa conception du patriotisme : la « ligne bleue des Vosges » plutôt que l'aventurisme colonial. Mais le voici de nouveau en pleine action le 11 février 1886, cette fois pour défendre sa dignité attaquée. Le débat porte ce jour-là sur les syndicats, deux ans après la loi Waldeck-Rousseau qui en autorise l'existence. Dans une atmosphère électrique, des membres de la droite défient Clemenceau de monter à la tribune. Il refuse. « Il a peur ! » s'écrie Albert Duchesne, un député siégeant à droite et prompt à interrompre ses adversaires. « Monsieur, vous en avez menti ! » lui assène en retour Clemenceau. Il en résulte un envoi de témoins, prélude au duel. Seule une conciliation de dernière minute permet d'éviter l'affrontement physique : Duchesne retire piteusement ses paroles et Clemenceau desserre son étreinte.

Avant le 20 décembre 1892, Clemenceau et Déroulède ne se sont jamais engagés dans un seul face-à-face brutal. Après la défaite de 1870-1871, ces deux patriotes ombrageux ne font pas les mêmes choix en politique intérieure (Déroulède soutient Gambetta, Clemenceau le fustige), mais ils n'ont pas l'occasion d'en découdre car ils n'évoluent pas dans les mêmes sphères ; ensuite, l'un et l'autre encouragent les débuts en politique du général Boulanger. Lorsque Clemenceau rompt avec le général (1887) et fonde en 1888 avec Arthur Ranc et Jules Joffrin une Société des droits de l'homme et du citoyen ouvertement antiboulangiste et hostile à la Ligue des patriotes de Déroulède, les deux trajectoires politiques s'éloignent de nouveau, cette fois radicalement. Néanmoins, les comptes rendus des séances de la Chambre n'enregistrent entre 1889 et 1892 aucun affrontement verbal notable entre ces deux hommes pourtant si prompts à s'échauffer.

Les insultes du 20 décembre

L'événement déclencheur de l'affrontement Déroulède-Clemenceau est le scandale de Panamá, qui éclate au grand jour à l'automne 1892. La Chambre des députés est l'un des lieux où la déflagration est la plus forte : le 21 novembre, au lendemain du suicide mystérieux de

Jacques de Reinach – un homme d'affaires très impliqué dans le scandale –, le député Delahaye déclare à la tribune qu'une cinquantaine de ses collègues ont touché de l'argent en échange de leur soutien aux combinaisons financières plus que douteuses de la Compagnie de Panamá, qui a fait faillite en 1889. Des voix, notamment boulangistes, s'élèvent dans l'hémicycle : « Des noms ! Des noms ! » Delahaye n'en dit pas davantage, mais la Chambre désigne une commission d'enquête. Au cœur du scandale, qui met en cause de très nombreux « chéquards » à la Chambre ou dans la presse, il y a un escroc qui a joué le rôle d'intermédiaire : Cornelius Herz. Un antisémitisme virulent, dirigé notamment contre Herz, vient redoubler l'antiparlementarisme ambiant. Le journal *La Libre Parole*, fondé par Drumont en 1892, désigne sans répit Herz en particulier et les Juifs en général à la vindicte des Français.

Or il s'avère que Cornelius Herz a soutenu financièrement *La Justice*, le journal de Clemenceau, dans la première moitié des années 1880. Reprenant à son compte les lourds soupçons qui pèsent sur le député du Var, Déroulède décide de s'en prendre à lui le 20 décembre. Il tient là, pense-t-il, l'occasion de mettre à bas l'un des plus ardents ténors antiboulangistes de la Chambre. En première partie de séance est votée la levée de l'immunité de cinq députés. Ensuite, Déroulède prend la parole. Il commence par flétrir « l'étranger Cornelius Herz », exige qu'il soit suspendu de l'ordre de la Légion d'honneur. Puis il s'attaque à Clemenceau, sans le nommer d'abord – mais ses allusions sont transparentes.

« Qui donc parmi nous, demande-t-il, est venu proposer de faire place [à Herz] dans nos rangs ? Qui donc a peu à peu, et si vite en même temps, introduit, patronné, nationalisé en France cet étranger ? [...] Il y a fallu un Français, un Français puissant, influent, audacieux, qui fut tout ensemble son client et son protégé, son introducteur et son soutien. Sans patronage et sans patron le petit Juif allemand n'aurait pas fait de telles enjambées sur la route des honneurs, il n'aurait pas mis si peu d'années à sortir si complètement, si brillamment de son bas-fond. Je le répète, il lui a fallu un présentateur, un ambassadeur pour lui ouvrir toutes les portes et tous les mondes, le monde politique surtout. [...] Or ce complaisant, ce dévoué, cet infatigable intermédiaire, si actif et si dangereux, vous le connaissez tous, son nom est sur toutes vos lèvres ; mais pas un de vous, pourtant, ne le nommerait, car il est trois choses en lui que vous redoutez : son épée, son pistolet, sa langue. Eh bien moi, je brave les trois et je le nomme : c'est M. Clemenceau ! (*Mouvement.*) Voilà la vérité ! (*Applaudissements à droite et sur divers bancs à l'extrémité gauche de la salle*). »

Malgré les mises en garde du président Floquet (« Monsieur Déroulède, je ne peux pas vous permettre d'interpeller un de vos collègues » ; « Vous n'avez pas à porter d'accusations contre vos collègues »), Déroulède ne s'arrête pas en si bon chemin. « Votre carrière, dit-il à Clemenceau, est faite de ruines […]. Signalons à la vindicte publique, ajoute-t-il, le plus habile, le plus redoutable, le plus coupable de ces complaisants. » Et il insinue pour conclure que son adversaire n'est digne que du plus profond mépris.

Les annales de la Chambre des députés n'enregistrent que rarement des attaques *ad personam* d'une telle violence. Clemenceau est incapable d'arrêter l'élan de Déroulède. Au « Non ! » qu'il profère pour tâcher d'enrayer l'assaut, son adversaire rétorque : « Nous réglerons autre part qu'à cette tribune les oui et les non. » L'intervention de Déroulède est saluée par des applaudissements nourris à droite et à l'extrême gauche boulangiste. Alors « M. Clemenceau, très calme en apparence, mais plus pâle encore qu'à l'ordinaire, se lève de sa place et gravit lentement les degrés de la tribune » (*Le Petit Journal*). Sa réponse improvisée, plus courte que l'interpellation, se déploie en un crescendo qui fait écho à celui de Déroulède.

> « Messieurs, commence-t-il, j'avais le droit de ne pas être préparé à ce réquisitoire, et vous me

permettrez d'y répondre, autant que je pourrai le faire, avec simplicité et avec netteté. De la façon la plus inattendue je suis mis en cause parce que M. Cornelius Herz a été l'actionnaire de *La Justice*, le journal que j'ai l'honneur de diriger. [...] Il [Déroulède] a dit qu'il avait un grand courage à m'attaquer de la sorte. Je n'en suis pas sûr. Il est facile de produire de telles accusations, parce qu'elles laissent celui qui en est l'objet désarmé, réduit à invoquer la protestation de sa conscience, ses intentions. [...] Je livre ma vie politique à M. Déroulède, je me livre à lui ; il peut analyser, discuter, disséquer, incriminer tout ce que j'ai fait et dit, c'est son droit. Il n'y a qu'un droit qu'il n'avait pas, c'est de déverser sur moi, dans une inspiration de rancune boulangiste, les plus odieuses calomnies. (*Applaudissements à gauche.*) [...] Que me reste-t-il à faire ? À quelles imputations calomnieuses me reste-t-il à répondre ? Je cherche et je ne trouve rien, sinon cette injure suprême que, je l'avoue, je ne croyais pas avoir méritée de mes plus acharnés ennemis : que j'ai trahi l'intérêt français, que j'ai trahi la patrie, que j'ai amené sur ces bancs (*Interruptions*) – vous l'avez dit – que j'ai amené sur ces bancs une influence étrangère dont j'ai été l'agent ; que j'ai été traître à mon pays, traître à ma patrie ; que guidé par cette influence étrangère, assujetti, asservi par elle, j'ai cherché à nuire à mon pays, j'ai cherché par des actes parlementaires à amener le désordre et la perturbation dans ma patrie ! »

Victime selon lui d'« injures et d'outrages immondes », humilié surtout par l'« injure suprême », Clemenceau choisit lui aussi de frapper le plus fort possible. Il invoque la lâcheté de son adversaire, jette le discrédit sur son engagement politique, parle d'un acharnement ignoble. Il conclut en faisant usage d'une accusation dont il a déjà pu mesurer l'efficacité lors de polémiques antérieures.

> « Voilà l'accusation que vous avez portée à la tribune. J'ai répondu sur tous les autres points avec autant de calme et de sang-froid qu'il m'a été possible. À cette dernière accusation il n'y a qu'une réponse à faire : monsieur Paul Déroulède, vous en avez menti ! (*Applaudissements répétés à gauche. L'orateur, en retournant à son banc, est vivement félicité par ses amis.*) »

« Ces derniers mots qui annoncent un autre duel après le duel de tribune sont prononcés froidement et avec une lenteur calculée qui redouble l'émotion déjà vive de l'Assemblée » (*Le Petit Journal*). « Vous en avez menti » : Clemenceau profère l'insulte par excellence en milieu parlementaire, celle qui porte le plus gravement atteinte à l'honneur de l'adversaire politique. Il accepte par là le combat singulier voulu par Déroulède. Aucun tiers n'est autorisé par eux à s'interposer : Clemenceau refuse en séance la médiation du président de séance tout autant que les preuves de soutien apportées par son collègue Stephen Pichon. La Chambre des députés ne parvient pas ce jour-là à remplir sa mission de contention des passions politiques ; la régulation collective échoue face à la volonté des deux hommes d'en découdre dans un combat singulier.

Le sort des armes : le duel du 22 décembre

Une question importante se pose pendant les préparatifs du duel : qui est l'offensé ? Clemenceau, désigné par Déroulède comme traître à sa patrie ? Déroulède, traité de menteur par Clemenceau ? Un spécialiste des questions d'honneur, dûment consulté, conclut que le choix des armes revient à Clemenceau sans affirmer pour autant qu'il est seul à avoir subi l'offense. Le député du Var se décide pour le pistolet, une arme de plus en plus fréquemment utilisée en duel et qu'il manie avec beaucoup d'adresse. Il obtient en outre une modification des règles habituelles : les adversaires disposeront chacun de trois balles et non d'une seule (dans un premier temps, il en voulait même quatre). Il tient à vider la querelle dans le sang.

Soit comme témoins, soit comme combattants, les deux adversaires ont l'expérience du duel. Déroulède, au même titre que d'autres boulangistes (Barrès, Rochefort, etc.), ne rechigne pas à se saisir d'une arme. Il affronte par exemple Laguerre, député de Paris, au matin du 13 novembre 1890, du côté de Charleroi – ce jour-là, Laguerre manque complètement Déroulède, qui tire alors en l'air. Clemenceau, lui, est un combattant très redouté, tant à l'épée qu'au pistolet ; il livre son premier combat à trente ans, en 1871, contre un officier (ce qui lui vaut un court séjour en prison). Le duel est interdit en France, mais les deux hommes ne s'en soucient guère. La pratique reste fréquemment attestée au fil du XIXe siècle, en particulier dans le monde des députés, des journalistes, des hommes de lettres. Quelques morts de duellistes ont jalonné l'histoire des premières années de la monarchie de Juillet (Galois en 1832, Dulong en 1834, Carrel en 1836) ; un demi-siècle plus tard, dans les premières décennies de la IIIe République, il y a peut-être deux cents duels par an en France, avec des pointes pendant la crise boulangiste, puis lors de la campagne antisémite de 1892 – c'est dans ce contexte que, six mois avant l'affrontement Clemenceau-Déroulède, le marquis de Morès (un agitateur antisémite) passe au fil de l'épée le capitaine juif Armand Mayer.

Déroulède et Clemenceau se retrouvent au matin du 22 décembre à Saint-Ouen. Ils sont accompagnés d'un juge, de leurs témoins et de leurs médecins respectifs. Un public nombreux (journalistes, curieux) se presse aux alentours. Les jours suivants, la presse illustrée fixe les contours du duel selon des règles de composition fort classiques : dans *Le Petit Journal illustré*, dans *Le Figaro*, dans *Le Progrès illustré* (le supplément du *Progrès de Lyon*), dans d'autres périodiques encore, des centaines de milliers de lecteurs découvrent les deux hommes face à face, l'un au premier plan de trois quarts face, l'autre au second plan de côté, un bras tendu à l'horizontale, le pistolet au poing ; chacun présente son flanc droit à son adversaire. Clemenceau porte un chapeau, Déroulède est tête nue. Les deux silhouettes sont deux taches sombres : si à l'épée on se bat poitrine à demi découverte, on garde sa redingote au pistolet. Les illustrations outrent le caractère dramatique du duel. Les deux hommes sont supposés se trouver à vingt-cinq pas l'un de l'autre ; sur l'image, ils se toucheraient presque.

« C'est épatant... » Telles sont les paroles que, lit-on dans la presse, Clemenceau murmure en observant son pistolet tandis que toutes ses balles ont manqué leur cible. Les deux hommes sortent indemnes du duel. Déroulède, soulagé sans doute par une issue si favorable, fanfaronne à la cantonade : « Je n'ai pas tué Georges Clemenceau, mais j'ai tué son pistolet. » Il ajoute qu'il poursuivra ses assauts à la Chambre des députés pour servir « l'expression de la vérité ». Le 22 décembre, la réputation de Clemenceau est atteinte et sa position politique fragilisée.

« Aoh, yes ! » (jusqu'à l'été 1893)

Déroulède tient parole. Le 29 janvier 1893, il traite Stephen Pichon (l'ami politique de Clemenceau) de « jeune commandité de Cornelius Herz ». Son interlocuteur s'estime insulté et demande réparation. Les deux hommes se battent le 30 sur l'île de la Grande Jatte ; l'un et l'autre s'en tirent avec des blessures sans gravité. Déroulède récidive à la séance du 19 juin, contre Clemenceau cette fois. Il s'écrie ce jour-là, tandis que son ennemi monte à la tribune : « L'ami de Cornelius Herz ! L'ami de l'Angleterre ! » puis : « Qu'il parle donc en anglais ! » avant de le traiter d'« agent de l'étranger ». Cette dernière insulte lui vaut un rappel à l'ordre avec inscription au procès-verbal. Déroulède jubile. Clemenceau tente de détourner les coups (« Je m'expliquerai avec vous quand il vous plaira » ; « Vous me rendrez compte de cette parole, monsieur Déroulède »), mais l'assaillant n'en a cure et il revient même sur l'épisode du duel de décembre 1892 pour humilier Clemenceau : « Vous m'avez déjà manqué trois fois, et je ne veux pas aller me compromettre en me promenant à la campagne avec vous. » Dépassé par les assauts de Déroulède, Clemenceau en appelle au président de séance : « Monsieur le président, vous ne pouvez pourtant pas me laisser insulter par ce monsieur qui ne veut pas se battre ! » À cela, Millevoye et Déroulède rétorquent en chœur : « Quand vous voudrez. » Tout est donc en place pour que le duel de décembre ait une suite, d'autant que Clemenceau riposte avec une violence extrême. Négligeant Millevoye, l'offensé se tourne vers Déroulède : « Vous savez bien que vous mentez ! », « Vous êtes un menteur et un lâche ! », « Je vous ai déjà dit que vous étiez un menteur. J'ajoute que vous êtes le charlatan du patriotisme. » Clemenceau tente à son tour d'écraser son adversaire par le mépris.

Pourtant, le duel n'a pas lieu. Cela tient peut-être pour partie à une absence complète d'estime entre les deux hommes : arrivés à ce niveau d'insultes, ils ne peuvent plus se considérer l'un l'autre comme des hommes d'honneur. Or, le duel se pratique entre hommes d'honneur. L'autre raison pour laquelle la querelle ne se règle pas à l'épée ou au pistolet, c'est le comportement de Millevoye. Il s'acharne à son tour sur Clemenceau (« Vous êtes un lâche ! »), ce qui entraîne chez sa victime des « paroles inaudibles », prononcées « avec vivacité » (on les imagine très brutales). Puis Millevoye annonce des révélations fracassantes sur l'affaire de Panamá, ce qui coupe court à toute querelle. La suite est grotesque : à la séance du 21 juin,

Millevoye déclare pompeusement qu'il va lire en séance un document accablant contre des « chéquards » nominalement cités. Il ne fait immédiatement aucun doute qu'il s'agit là d'un faux grossier. L'attaque de Millevoye est si ridicule que ses amis politiques se désolidarisent précipitamment de lui ; Déroulède s'emporte avant même que commence la lecture du faux (« Monsieur le président, je sors de cette assemblée, je donne ma démission de député, je ne fais plus de politique ici »). Millevoye est littéralement expulsé de la tribune ; en fin de séance, la Chambre condamne par trois cent quatre-vingt-quatre voix contre deux ses « calomnies odieuses et ridicules ». Est-ce suffisant pour mettre Clemenceau hors de cause ? Une phrase étonnante écrite par Edmond de Goncourt dans son *Journal* à la date du 24 juin invite à en douter : « Ah, le triomphe insolent of Clemenceau sortant de ces accusations fausses, mais vraies au fond… »

À l'orée de l'été 1893, Déroulède ne fait ainsi plus partie de la Chambre des députés. Pourtant, ses attaques de décembre 1892 continuent à empoisonner la carrière politique de Clemenceau, qui tente sans succès de retrouver son honneur perdu en vue des élections législatives de septembre. Août est pour lui extrêmement pénible. Au début du mois, à Paris, dans l'affaire du faux Norton (le document lu par Millevoye le 21 juin), il obtient un franc symbolique de dommages et intérêts. Mais le procès le replonge dans les épreuves de l'hiver et du printemps puisque, une fois encore, il doit se justifier : « Avais-je, témoigne-t-il, la partie belle quand, sous leurs mensonges, mes ennemis se déchaînaient, quand Déroulède m'appelait agent de l'étranger, quand ils me criaient "Parlez anglais !", quand il disait dans les couloirs devant cent personnes : "J'ai vu des preuves de la trahison" ? » À Salernes (Var), le 9 août, au début de sa campagne électorale, il prononce un discours dans lequel il affirme une fois encore sa détermination face aux attaques subies et se livre à une nouvelle autojustification.

> « Attaqué de tous les côtés à la fois, insulté, vilipendé, lâché, renié [...] je n'ai pas faibli. Ce que j'ai le droit de dire aujourd'hui sans crainte de démenti c'est que, étranger à la politique d'insultes et de haine, j'ai combattu les idées, non les hommes. [...] Contre moi, j'ai l'orgueil de dire que la meute a donné tout entière d'une rage inouïe. »

Mais il sait très bien que toute dénégation a pour effet mécanique d'alimenter les soupçons et les rumeurs : les insultes essuyées lui collent à la peau. Pendant la campagne, on peut lire sur les affiches électorales de son adversaire Jourdan, en référence au suicide de Jacques de Reinach : « Vous sentez le cadavre. » Le 19 août, une caricature assassine paraît dans *Le Petit Journal*. Clemenceau y est représenté en danseur sur la scène de l'Opéra ; autour de lui se pressent des ballerines qui ressemblent fort à des prostituées ; il jongle avec quatre sacs remplis de livres sterling ; son souffleur est juif ; la caricature s'intitule « Clemenceau, le pas du commandité » ; plusieurs « *Aoh, yes* ! » ponctuent l'article qui l'accompagne. « *Aoh, yes* ! » : c'est par ces mots que Clemenceau est chahuté jour après jour lors des réunions électorales qu'il tient dans le Var. Au Muy, d'après un rapport de police adressé au préfet et daté du 19 août, des hommes, femmes et enfants, à la sortie de la salle, « huaient et insultaient le candidat ». Et devant le Café de France « une bande d'individus le huaient et l'injuriaient ». La campagne est épuisante pour Clemenceau, qui essuie de tous côtés attaque sur attaque. Jaurès s'indigne dans *La Petite République* (2 septembre 1893) du comportement des socialistes vis-à-vis de l'adversaire radical. Au final, Clemenceau perd les élections au second tour ; des sifflets et des jets de pierres l'accompagnent dans Draguignan après l'annonce de sa défaite. La séquence ouverte à la Chambre par Déroulède en décembre 1892 s'achève en septembre 1893 par ce brutal coup d'arrêt dans la carrière parlementaire du Tigre.

Mensonges, insultes, réputations, scandales

Déroulède retrouve un siège à la Chambre des députés en 1898 ; Clemenceau renoue pour sa part avec la vie d'assemblée en 1902, mais au Sénat. Auparavant, les deux hommes ont eu des comportements dissemblables. Déroulède est resté à l'écart des querelles des années 1893-1897. Clemenceau, à l'inverse, s'est montré dans *La Justice* aussi redoutable qu'à la tribune. Il s'en est pris par exemple le 27 juillet 1894 au jeune député Paul Deschanel dans un article intitulé « À un menteur » : « Un jeune drôle du nom de Paul Deschanel s'est permis de baver sur moi à la Chambre » ; ce « polisson » est « le dernier des misérables ». Et Clemenceau de conclure : « M. Paul Deschanel est un lâche. M. Paul Deschanel a menti. » Les deux hommes se battent à l'épée. Clemenceau administre une humiliante leçon d'escrime à son adversaire, égratigné à deux reprises.

Cinq ans jour pour jour après la séance du 20 décembre 1892, Déroulède et Clemenceau suivent avec Zola, Drumont, Barrès le convoi funèbre d'Alphonse Daudet ; quelques semaines plus tard, ces hommes sont engagés de tout leur être dans l'affaire Dreyfus, les uns (dont Clemenceau) dans le camp dreyfusard, les autres (dont Déroulède) dans le camp antidreyfusard. Les tempêtes de l'Affaire n'effacent pas pour autant la trace du violent affrontement de 1892, dont les échos continuent à se faire entendre. Le 16 juillet 1899, le journal *L'Antijuif* publie une photo retouchée qui représente « von Reinach assassiné par Clemenceau ». Et Maurice Barrès se plaît à évoquer au début du XXᵉ siècle le fameux discours de Déroulède, « d'une violence inouïe, joué, crié – sublime, il faut le dire – car l'invective jamais n'y glissait à l'injure ».

Avec le scandale de Panamá, la violence politique par l'insulte traduit la crise du régime : elle contribue directement à l'abaissement des réputations individuelles et des mœurs parlementaires à une période où la Chambre des députés détermine presque à elle seule les orientations de la politique française. Quelques années plus tard, ainsi qu'on va pouvoir s'en convaincre dans le chapitre qui vient, le poison du mensonge pénètre plus profond encore dans le tissu collectif avec l'affaire Dreyfus, crise majeure de la IIIᵉ République, phase décisive de déchaînement de l'insulte et de dégradation accélérée de la relation politique.

8

La haine générale
L'insulte au cœur de l'affaire Dreyfus
(1898)

Le Journal officiel et *Le Temps* titrent le 23 janvier 1898 sur le « violent incident » qui a troublé la séance de la veille à la Chambre des députés. D'autres journaux sont plus explicites : « Bagarre à la Chambre – Scènes de pugilat » (*La Presse*). « La grande bataille » (*Le Figaro*). « Scènes scandaleuses et pugilats entre députés » (*Le Petit Journal*). Et même, avec une évidente exagération : « Tuerie à la Chambre. Cent députés en viennent aux mains » (*Le Jour*). Avec ces titres chocs, ces manchettes à sensation, la presse de masse fait connaître à des millions de Français (du moins dans les grandes villes) un épisode où la violence verbale – et physique – prend des proportions inaccoutumées : « Les scènes dont la salle des séances du Palais-Bourbon a été, hier samedi, le théâtre, n'ont pas de précédent dans notre histoire parlementaire, depuis le commencement du siècle » (*Le Petit Journal*).

La séance du 22 janvier se situe au cœur de l'hiver 1897-1898, moment cardinal dans l'histoire de l'affaire Dreyfus : la prétendue trahison du capitaine Alfred Dreyfus, condamné en décembre 1894 à la déportation à perpétuité, devient une affaire d'État. Les rangs des partisans d'une révision du procès commencent à s'étoffer. Le dossier à charge contre Dreyfus se révèle extrêmement fragile. L'espion à la solde de l'Allemagne ne serait-il pas plutôt le commandant Esterhazy ? Dans *L'Aurore* du 13 janvier 1898, Émile Zola dénonce avec « J'accuse… ! » une décision du conseil de guerre qui « vient, par ordre, d'oser acquitter un Esterhazy, soufflet suprême à toute vérité, à toute justice » ; il met notamment en cause les plus hautes autorités militaires du pays. Il accélère le déclenchement de la crise politique la plus grave de toute l'histoire de la IIIe République.

Les ondes du choc se font sentir fin janvier dans une Chambre des députés qui délibère alors sur le budget, tandis que de très graves violences coloniales dénoncées par les socialistes secouent Madagascar, et dans une atmosphère de fin de législature (« Les élections d'abord, la justice attendra : voilà le fond de la pensée parlementaire », se lamente Georges Clemenceau dans *L'Aurore* du 23 janvier). La veille de la séance du 22 janvier, Daniel Halévy note dans son journal : « C'est la guerre civile. » Il s'inquiète de la montée de la violence. L'insulte règne dans l'hémicycle, dans les journaux, dans les rues. Une fois encore, loin de canaliser – comme c'est pourtant son rôle – l'expression des passions politiques des individus et des groupes, la Chambre des députés contribue au déchaînement des cris et des insultes. En décembre 1892, la violence d'hémicycle restait verbale et impliquait essentiellement deux hommes, Déroulède et Clemenceau. En janvier 1898, elle s'empare de plusieurs dizaines de députés et, d'abord verbale, elle tourne à l'affrontement physique.

Jaurès-Bernis : des insultes, un coup

Samedi 22 janvier. Jean Jaurès parle à la tribune quand tout à coup la voix du comte de Bernis se fait entendre. L'interruption déclenche une escalade verbale très rapide entre les deux hommes :

> « M. le comte de Bernis : Vous êtes du syndicat ? (*Vives interruptions à l'extrême gauche.*)
> M. Jaurès : Que dites-vous, monsieur de Bernis ?
> M. de Bernis : Je dis que vous devez être du syndicat, que vous êtes probablement l'avocat du syndicat !

M. Jaurès : Monsieur de Bernis, vous êtes un misérable et un lâche ! »

Le Figaro du 23 janvier fait le portrait des deux adversaires. Jaurès : « Trente-neuf ans. De taille moyenne, assez fort, trapu, carré d'épaules, très barbu et chevelu, le teint coloré, le tempérament très vif, le geste prompt. » Bernis (moins célèbre que le premier, il est gratifié d'une description plus conséquente) : « Cinquante-six ans. Ancien officier de cavalerie, les cheveux gris, coupés ras, la moustache en brosse, deux sourcils très fournis qui ont l'air eux-mêmes de moustaches, la figure animée, l'ensemble de sa personne toujours en mouvement. » Bernis est « l'un des interrupteurs les plus intrépides de la Chambre ». En d'autres termes, il correspond bien au stéréotype du militaire en politique : ses assauts à la hussarde au mépris des règles de bienséance qui ont cours au Palais-Bourbon, la rudesse de ses manières ou de ses propos d'hémicycle renvoient à l'univers sacralisé de la caserne ou du champ de bataille. Quelques années plus tard (1903), dans le troisième tome de son *Histoire de l'affaire Dreyfus*, le très ardent dreyfusard Joseph Reinach ajoute une touche au tableau : pendant son intervention du 22 janvier, Jaurès « ne parlait pas, il tonnait, le visage empourpré, le bras tendu vers la droite qui beuglait ». Son agresseur, Bernis, « avait la spécialité des interruptions grossières qu'il poussait d'une voix rauque et qu'il accompagnait d'une espèce de rire nerveux ».

Jaurès est un socialiste atypique. Certes, comme tant d'autres il a commencé par fustiger Dreyfus : il a même été censuré et temporairement exclu de la Chambre le 24 décembre 1894 pour avoir demandé pourquoi l'officier traître Dreyfus aurait la vie sauve alors qu'« on fusille sans grâce et sans pitié de simples soldats coupables d'une minute d'égarement et de violence ». C'est seulement trois ans plus tard qu'il commence à s'engager dans le combat en faveur de la révision du procès Dreyfus. Il se retrouve alors isolé parmi les députés socialistes ; il signe à contrecœur, le 19 janvier 1898, le manifeste où les socialistes déclarent que l'affaire Dreyfus, strictement bourgeoise, ne les concerne pas. Son intervention du 22 janvier est une attaque dirigée contre les ennemis de Dreyfus. Il dénonce les poursuites engagées contre Zola (le général Billot, ministre de la Guerre, a porté plainte le 18 janvier). Il s'en prend à la hiérarchie militaire. Bernis, lui, la défend contre les partisans de la révision : député monarchiste, catholique, antisémite, élu dans le Gard en 1889, il est un ancien élève de Saint-Cyr. La culpabilité de Dreyfus ne fait pour lui aucun doute. D'après certains journalistes, il est passablement éméché le 22 janvier ; ce qui est sûr, c'est qu'il se lance de toutes ses forces dans la bataille.

Il reste à comprendre la teneur des insultes échangées. Dans la logique de la théorie du complot, le

« syndicat Dreyfus » évoqué par Bernis est censé rassembler tous ceux qui, Juifs et alliés des Juifs, agents de l'étranger, consacrent leur influence et leur fortune à la défense du traître, donc à l'humiliation nationale – à la vérité, le petit Comité de défense contre l'antisémitisme, fondé à l'initiative du grand rabbin Zadoc Kahn, s'emploie beaucoup plus modestement à contrer des candidats antisémites aux élections. L'agressivité de Bernis n'étonne certainement pas Jaurès, puisque le comte en est déjà à sa troisième interruption ; les mots de l'accusation, en revanche, prennent visiblement au dépourvu l'orateur socialiste qui dans un premier temps demande à son interrupteur de les répéter. Ce que Jaurès ne peut supporter dans l'attaque, c'est l'insinuation directe d'antipatriotisme. Ainsi s'explique l'emploi de « misérable » et de « lâche », deux termes extrêmement brutaux : le *misérable* est l'homme de rien, malhonnête, indigne de respect ; le *lâche* n'a aucun sens de l'honneur. Il est rare d'entendre prononcer ces mots dans l'hémicycle ; ils entraînent presque à tout coup des sanctions disciplinaires.

Ce qui se passe ensuite entre Jaurès et Bernis est d'un autre ordre. Dans le supplément illustré du *Petit Journal*, le dimanche 6 février, la « séance scandaleuse [du 22 janvier] à la Chambre des députés » est résumée par un dessin : le comte de Bernis, les deux poings fermés, frappe Jaurès, tandis que Brisson, le président de séance, se lève, et que le pied de la tribune est envahi de députés. Le coup de Bernis est un outrage à Jaurès et à la Chambre : l'agresseur frappe par-derrière et « à la figure » (*Le Temps*) un orateur à la tribune. Dans un désordre indescriptible, Brisson, dépassé par les événements, lève piteusement la séance à 3 h 45 : « Le président, se voyant dans l'impossibilité de commander à la tempête, prend son chapeau et s'en va » (*L'Indicateur de la Savoie*, 29 janvier).

Bernis envoie ses témoins au soir du 22 en vue d'un duel. Jaurès ne donne pas suite. Il explique pourquoi dans un texte qu'il envoie à *La Petite République* : « M. de Bernis m'ayant attaqué et frappé par-derrière, s'est mis en dehors des règles de l'honneur : je ne le connais plus. » Il n'a pas échappé à Bernis que son geste était inexcusable. Il s'en explique tant bien que mal dès l'après-midi du 22 auprès de quelques journalistes dans les couloirs de la Chambre : emporté par une « fureur aveugle », il aurait frappé Jaurès sans s'apercevoir si c'était de face ou de dos...

La séance : des insultes, des coups, une mêlée générale

L'affrontement entre Jaurès et Bernis s'inscrit dans une logique de violence verbale et physique beaucoup plus large : la séance du samedi 22 janvier est brutale dans son ensemble. Le public, qui s'y attend, afflue dans les tribunes ce jour-là, avide d'entendre l'interpellation que doit prononcer le radical Cavaignac à propos de l'affaire Dreyfus, et d'entendre les réactions des uns et des autres (le président du Conseil Jules Méline, les députés de la droite, les députés socialistes). Cavaignac reproche comme prévu au gouvernement de ne pas sévir avec la plus grande fermeté contre les menées du « syndicat Dreyfus ». La réponse de Méline est hachée d'interruptions. Bernis se distingue une première fois, avec d'autres : « Une altercation s'élève entre M. de Bernis et M. Faberot qui sont sur le point d'en venir aux mains. Sur les bancs de l'extrême gauche socialiste, on entend le mot attribué au général Cambronne le soir de Waterloo » (*Le Petit Journal*, 23 janvier). Méline, auteur le 7 décembre 1897 du célèbre « il n'y a pas d'affaire Dreyfus », déclare le 22 janvier qu'il est temps de régler le problème une fois pour toutes (« Le jour où le pays saura que la Chambre considère le vote du budget comme une plus grosse affaire que l'affaire Dreyfus elle-même, il prendra confiance dans les pouvoirs publics et ses inquiétudes cesseront »). Surtout, il s'en prend à Zola, remobilisant le titre d'un de ses romans pour l'accuser de mener la France à une nouvelle « débâcle » par son combat pour la révision du procès Dreyfus – c'est alors que Bernis qualifie le « J'accuse… ! » d'« article antifrançais ». À la fin de l'intervention de Méline, un député enthousiaste demande l'affichage du discours. « L'affichage dans les égouts ! » s'écrie alors le socialiste Gérault-Richard.

Jaurès prend la parole juste après Méline pour fustiger très vigoureusement l'attitude du gouvernement et du haut commandement militaire. Les interruptions pleuvent sans discontinuer ou presque – par Bernis, entre autres, rappelé à l'ordre avec inscription au procès-verbal. Jaurès défend Zola : « La débâcle, elle était dans les généraux de cour protégés par l'Empire, comme elle est dans les généraux de jésuitières protégés par la République ! (*Applaudissements à l'extrême gauche et sur quelques bancs à gauche. – Vives réclamations au centre et à droite.*) » Il poursuit : « Ce dont nous souffrons tous... » mais une interruption venue de la droite (« De vous ! ») coupe une fois encore son élan. En vieil habitué des débats houleux, il persiste néanmoins dans ses attaques. Il accuse le gouvernement de « demi-mesures », de « réticences », d'« équivoques », de « mensonges », de « lâchetés ». Les deux derniers termes lui valent un rappel à l'ordre. Quelques poignées de secondes plus tard, Bernis lui demande s'il n'est pas du syndicat, avec les suites que l'on sait.

Il faut se figurer le terrible tumulte qui environne le geste du comte de Bernis. Juste avant de se précipiter sur Jaurès, le député royaliste a été mêlé à une bagarre générale : plusieurs socialistes ont fondu sur lui et il a eu les plus grandes peines du monde à se dégager d'eux. Gérault-Richard lui a asséné un coup de poing sur l'œil au pied de la tribune. Le compte rendu au *Journal officiel* en fait mention, tandis que, d'après

Joseph Reinach, l'agresseur accompagne son coup d'un « gredin ! » sonore et que, d'après *Le Figaro*, il donne dans le même élan un coup de poing au député Chaulin-Servinière. Le belliqueux Gérault-Richard a droit, comme Jaurès et Bernis, à son portrait dans *Le Figaro* : « Trente-sept ans. Figure très placide de bon garçon gros et blond, la barbe en pointe, les yeux bleu-gris, la démarche un peu traînante, un ensemble très doux… Il y a des physionomies qui sont trompeuses. » Chansonnier à Montmartre, puis journaliste, il a écrit des dizaines de textes incendiaires qui lui ont valu des procès, des condamnations, quelques duels. Particulièrement violent dans les colonnes du *Chambard* depuis 1894, il est soutenu par Jaurès dans le procès qui lui est intenté après qu'il a attaqué de sa plume le président Casimir-Perier. Il devient député en 1895 ; à partir de 1897 il est rédacteur en chef de *La Petite République*. Comme des dizaines d'autres socialistes entrés à la Chambre à la faveur du renouvellement, du rajeunissement et du glissement vers la gauche de la Chambre des députés dans les années 1890, il n'hésite pas à pratiquer l'outrance verbale et l'affrontement physique ne lui fait pas peur.

La séance du 22 janvier s'achève par une véritable foire d'empoigne, dans l'hémicycle puis dans les couloirs. Le *Journal officiel* n'en dit rien. Beaucoup d'autres journaux la décrivent, en France ou à l'étranger. Voici par exemple quelques extraits du compte rendu du *New York Times* : « Les conservateurs et les socialistes se sont précipités vers la tribune, la mêlée est devenue générale, les bagarres et les cris se sont multipliés de tous côtés. [...] Le vicomte d'Hugues a tenté d'enrayer l'assaut socialiste contre la droite. M. Deville a lancé un encrier sur M. de Bernis, l'a manqué, mais le projectile a frappé un huissier et son contenu s'est répandu sur un député conservateur, dont le visage a été aspergé d'encre et de sang. » Il est question aussi du député Pajot, pris d'une crise d'épilepsie pendant la mêlée, évacué dans le couloir ; d'un autre député qui s'est évanoui à cause du sang et de l'excitation ; de Philippe Grenier, député musulman de l'arrondissement de Pontarlier (Doubs), « dont le turban a été arraché pendant la bagarre, [et qui] a été vu priant à haute voix, les bras levés ». Difficile dans tout cela de démêler le vrai du faux. Les journaux se livrent à une constante surenchère pour traduire les troubles.

« Mort aux Juifs ! », « Conspuez Zola ! »,
« Vive l'armée ! »

Lors de son intervention du 22, Jaurès établit un parallèle entre l'antisémitisme qui s'exprime à la Chambre et l'antisémitisme qui se déchaîne en France. (« Oui, si le cri de "mort aux Juifs" a été poussé dans les rues, [...] c'est par ceux qui vous soutiennent. ») Il dénonce la circulation des discours de haine : slogans que hurlent ce jour-là les « groupes excités hors du Palais-Bourbon » (d'après le *New York Times*) ; articles incendiaires qui paraissent dans l'écrasante majorité des journaux, dont *La Libre Parole*, *Le Petit Journal*, *L'Intransigeant*, *La Croix*, et que relaient les camelots.

Dans *Le Moment antisémite. Un tour de la France en 1898*, Pierre Birnbaum nous convie à un très édifiant parcours. Ce qui ressort des quelques exemples ci-après, issus pour la plupart de ce livre, c'est la virulence inouïe d'une haine multiforme dans des dizaines de villes françaises pendant la seconde quinzaine de janvier 1898. Versailles : « Les élèves de l'école d'horticulture se sont joints à ceux du lycée Hoche, et suivis d'une foule assez considérable sont allés manifester rue de la Paroisse, devant des boutiques d'israélites. Ils se dirigeaient ensuite vers la synagogue, lorsque des agents leur ont barré le chemin » (*Le Petit Journal*, 23 janvier, à propos de la veille au soir). Évreux : « "Crapules !" : c'est le mot d'un ouvrier, à l'issue du procès Esterhazy, adressé à une bande de Juifs, qui s'en allaient rasant les murs, leurs nez crochus enfouis dans leurs épaisses fourrures. Et cette épithète de crapules, lancée tel un soufflet retentissant à travers le visage crasseux de ces youtres, est une belle revanche du vieux sang gaulois qui coule encore dans les veines du populo » (*La Val-*

lée d'Eure, 16 janvier). Toulouse – une ville où l'antisémitisme est pourtant moins enraciné qu'ailleurs : le 19 janvier, après un meeting antisémite, des cris de « Les juifs sont des cochons ! » sont proférés dans les rues de la ville. Et Bordeaux, Dijon, Le Mans, Marseille, Nancy, Nantes, Rennes, Saint-Malo... Et surtout Alger, secouée à partir du 18 janvier par une vague de manifestations extrêmement brutales. La presse antisémite s'évertue à faire croire que des « foules » assez pacifiques useraient de légitime défense contre les Juifs agressifs (*Le Petit Journal* évoque le 22 janvier « une bande de quatre cents Juifs environ, armés de bâtons, [qui] a parcouru quelques rues et détérioré quelques devantures de magasins non juifs »). La réalité est tout autre : les antisémites hurlent, frappent, brûlent, vandalisent, pillent. Ils déclenchent des bagarres d'une violence terrible. Le 25 janvier, après les obsèques d'un maçon dont la mort est attribuée aux Juifs, la chasse commence : « Chebat, l'israélite qui ce matin a été assailli par les antijuifs [...] est mort ce soir vers 6 heures, des suites de ses blessures. Chebat a eu le crâne défoncé » (*Le Petit Journal*, 26 janvier).

« À bas les Juifs ! Conspuez Zola ! » ; « À bas Zola ! À bas les Juifs ! » Les slogans qui résonnent au cours de l'hiver 1897-1898 associent souvent l'auteur de « J'accuse... ! » aux Juifs. Mille variantes sont possibles, qui se déclinent à l'infini. Le 14 janvier, à

Valenciennes, une affiche est placardée contre « le pornographe Zola, […] l'association des gredins […] et autres youpins ». Zola est depuis longtemps un habitué des insultes. Son œuvre romanesque a fait l'objet de fréquentes attaques. *Pot-Bouille* (1882), par exemple, a déclenché une vague de réactions violentes, ordurières, scatologiques – le motif du pot de chambre, par exemple, est revenu sans cesse dans les articles et les caricatures. Faisant retour dans *Nouvelle campagne* (1897) sur toutes ces années de haine, Zola écrit : « Moi, voici trente ans que, tous les matins, avant de me mettre au travail, j'avale mon crapaud en ouvrant les sept ou huit journaux qui m'attendent sur ma table. […] Attaque grossière, légende injurieuse, bordée de sottises ou de mensonges, le crapaud s'y étale […]. »

Les insultes de 1897-1898 prolifèrent donc sur un terrain déjà fertile. Lorsque Zola dénonce l'erreur judiciaire en signant trois articles dans *Le Figaro* entre fin novembre et début décembre 1897, puis une brochure à la mi-décembre (« Lettre à la jeunesse »), les adversaires de Dreyfus se déchaînent. « Zola à la potence !!! / Zola la honte !!! / Fleur de pus !!! » écrit Gustave Salavy dans *Cyclone*, le 22 décembre 1897. La parution de « J'accuse… ! » est le signal d'une véritable curée. Hayard, qui règne en maître sur le monde des camelots parisiens, fait tirer dans les jours qui suivent à deux cent mille exemplaires une très brutale « Réponse de tous les Français à Zola ».

Même les journaux modérés participent aux assauts. Le 15 janvier, on lit dans *Le Rappel de l'Eure* (Évreux) un jugement très tranché : « Nous avons toujours pensé que Dreyfus avait été justement condamné. Il faut avoir l'esprit de travers comme Zola pour penser autrement. » Et, plus loin, à propos toujours de Zola : « Ce n'est pas une cellule à Mazas qu'il lui faudrait, mais un cabanon à Charenton. » La presse relaie aussi un nombre considérable d'actions anti-Zola. *Le Petit Journal* du 23 janvier fait mention d'une « Réponse d'un maire à Zola » datée de la veille, mais le texte en question, œuvre du premier magistrat des Sables-d'Olonne, est impubliable : « Les termes nous en rendent la reproduction impossible. » On ne compte pas les cortèges hostiles, les mannequins à l'effigie de Zola conspués ou brûlés. À Annecy, le 19 janvier, sur des lanternes et des lampions, on peut lire « Zola la Mouquette ! » en référence à la Mouquette de *Germinal*, une « bonne fille dont la gorge et le derrière énormes crevaient la veste et la culotte ». Dans nombre de villes, des exemplaires de *L'Aurore* sont livrés aux flammes en public. Une caricature d'Alfred Le Petit représente au milieu de l'hiver un Zola mi-homme, mi-porc, en train de déféquer sur un drapeau tricolore (*L'Étrille*, 6 février). L'écrivain dreyfusard est conspué, au sens fort du terme, c'est-à-dire sali de crachats. L'assaut de Méline contre Zola à la séance du 22 janvier n'est donc pas un acte isolé. Le président du Conseil se nourrit des insultes qui circulent en France et auxquelles de nombreux députés adhèrent ; il les reformule dans un langage parlementaire, mais il y souscrit.

En face, un contre-feu s'esquisse. Quelques « Vive Zola ! » peuvent s'entendre ici et là, à Paris par exemple, lors d'un meeting antisémite dans la salle du Tivoli-Vauxhall le 17 janvier ; favorables à la révision du procès, des « intellectuels » (le mot commence à s'imposer, notamment sous l'impulsion de Clemenceau) signent une première « protestation », puis une deuxième, à partir de la mi-janvier. Les camps s'organisent : antidreyfusards archimajoritaires, dreyfusards de moins en moins rares.

Quelles sont les racines de cette haine qui s'exprime contre Jaurès, contre Dreyfus, contre Zola et contre le « syndicat Dreyfus » à la Chambre des députés, dans les journaux, dans les rues ? L'antisémitisme et la xénophobie (Zola est également flétri pour ses origines italiennes) reposent pour une part sur un nationalisme exacerbé qui se traduit par un soutien aveugle à l'armée française et à ses chefs. Car, près de trente ans plus tard, la plaie de la défaite reste ouverte. Dreyfus est honni parce qu'il aurait voulu livrer la France à l'Allemagne. D'où la grande fréquence du slogan « Vive l'armée ! À bas Zola ! À bas Dreyfus ! » et de toutes ses variantes (« Vive l'armée ! À bas les traîtres ! », scandé justement le 22 janvier 1898 lors de la commémoration des défaites militaires de 1871 à Buzenval et Montretout). D'où aussi l'extrême tension qui règne pendant les débats sur le budget de la guerre les jours qui précèdent la séance du 22 janvier. D'où, enfin, les assauts lancés à la Chambre et ailleurs contre un Jaurès qui stigmatise depuis la fin de l'année 1897 les plus hautes autorités militaires et leurs soutiens. Jaurès, à vrai dire, se montre de son côté très déterminé, très incisif. Le 27 novembre, il décrit dans *La Petite République* le sommet de la hiérarchie militaire comme une « idole [...] criblée de tares » ; le 13 janvier, à la Chambre, il tonne : « Vous êtes en train de livrer la République aux généraux ! » ; le 22 janvier, il met en relation le péril militaire et le péril religieux en dénonçant les « généraux de jésuitières ». Plusieurs députés brandissent ce jour-là le numéro de *La Lanterne* tout juste paru, où Jaurès appelle à « révolutionner la haute armée par la loi républicaine » dans un article virulent qu'il adresse « aux soldats du peuple de France ». Deux conceptions antagonistes de la patrie et de l'armée se heurtent ainsi de front le 22 janvier 1898, et les semaines précédentes, et les semaines suivantes.

Une Chambre aux abois ?

La séance d'insultes – le terme est ici à entendre au sens propre : insulter, c'est « sauter sur » – donne lieu les jours suivants à des commentaires scandalisés dans la plupart des journaux. « L'on appelle cela une Chambre et ce n'est en somme qu'un chenil à l'heure de la pâtée » (*Le Soleil*, 23 janvier) ; « Le Palais législatif ressemble à un Charenton où les pensionnaires seraient librement lâchés sans gardiens et sans camisoles de force. Une place publique, en cas d'émeute, est incomparablement plus calme » (*Le Figaro*, 23 janvier) ; la séance a été « une réunion de marlous de Saint-Ouen » (*Le Peuple*, 23 janvier) ; « Les palabres des sauvages ne doivent pas présenter un tel tableau » (*L'Indicateur de la Savoie*, 29 janvier).

Les adversaires du gouvernement ou du régime en tirent des conclusions sur l'état de dégradation du parlementarisme. Parfois, comme dans *Le Figaro* du 23 janvier, la critique est d'ordre général et ouvre sur l'exigence d'une dissolution avant même les élections de mai : « "L'agonie d'une Chambre" : La Chambre a été hier le théâtre d'un des plus violents scandales qu'ait enregistrés notre histoire parlementaire. […] Il saute aux yeux que la prolongation de cette Chambre […] est aujourd'hui extrêmement dangereuse. Son agonie a une forme délirante. » Souvent, elle prend une tonalité antisémite marquée : « Les scènes d'insultes, de luttes foraines, de gifles et de pugilats qui ont déshonoré la dernière séance de la Chambre [...] donnent la mesure des progrès rapides du désordre social et de la décomposition politique dont sont responsables les meneurs de l'agitation Dreyfus » (*Le Petit Journal*, 24 janvier) ; « On a pu voir les députés, délégués du peuple français, emprunter les expressions les plus voyoucrates, se battre comme ne le feraient pas des chiffonniers, tout cela pour plaire aux Juifs qui leur ont promis de tout leur livrer pourvu qu'ils déchaînent la guerre civile sur la France, pendant qu'eux-mêmes ils déchaîneraient la guerre étrangère » (*L'Indicateur de la Savoie*, 29 janvier).

De fait, la Chambre des députés est dans une position de très grande fragilité dans la dernière décennie du XIXe siècle. Au scandale de Panamá, s'est surajouté le 9 décembre 1893 un épisode dramatique : une bombe lancée par l'anarchiste Auguste Vaillant a explosé dans l'hémicycle et fait plusieurs blessés. En janvier 1898, la crise déjà profonde s'aggrave encore. Certes, l'atmosphère semble à première vue s'adoucir quelque temps dans l'hémicycle après la séance du 22 janvier : les députés ont conscience qu'ils doivent retrouver leur dignité mise à mal. Pourtant, lorsque le comte de Lanjuinais déclare à la séance du 24 que « depuis le Second Empire, la France est envahie par des bandes de Juifs allemands, attirés par l'appât du gain », son discours de haine passe inaperçu.

L'affaire Dreyfus continue ensuite d'empoisonner la vie politique française. Les engagements se radicalisent chez les individus, dans les ligues dreyfusardes ou anti-dreyfusardes, à la Chambre, dans une presse de masse plus puissante et plus lue que jamais. Avec « Palais-Bourbon. La séance est ouverte » (*Le Journal*), Raoul Ponchon met en scène en 1898 un festival d'insultes parfois plaisantes (« torchon ! » ; « vieux sénateur ! »), parfois beaucoup plus ignobles lorsqu'on les replace dans leur contexte (« Dreyfus ! Anus ! »). L'année est ponctuée de duels liés à l'Affaire, comme celui qui oppose Clemenceau et Drumont le 25 février ; en juillet, Zola achève de se convaincre qu'il ne sera jugé qu'à charge et fuit la France ; en août, le capitaine Henry (auteur d'un faux dirigé contre Dreyfus) se suicide ; en décembre, le journal de Drumont *La Libre Parole* lance en faveur de la veuve de Henry et en vue de l'érection d'un « monument Henry » une souscription où la haine antisémite se donne libre cours. Avec la révision du procès Dreyfus et les mille rebondissements qui lui succèdent jusqu'en 1906, la vie politique est parcourue de soubresauts que la querelle religieuse et la séparation des Églises et de l'État rendent plus dramatiques encore. Jaurès doit faire face, année après année, à des bordées d'insultes ; il est régulièrement accusé d'être vendu aux Allemands ; tous les moyens sont bons pour l'atteindre. Je reçois des lettres d'ordures. Je sens grimper les limaces. » (1905). Jaurès et plus encore Dreyfus ou Zola sont traînés plus bas que terre, animalisés, dégradés sur le plan moral ou sexuel. Même si tous les Français ne participent pas à ce déferlement, le tournant du XIXe et du XXe siècle est probablement le moment de l'histoire contemporaine où la pratique de l'insulte politique atteint ses sommets.

9

Les communistes contre « Poincaré-la-Guerre »

L'insulte pour serrer les rangs
(1922)

La dégradation des relations entre États et la course aux armements et aux alliances se traduisent, au tournant du XIXᵉ et du XXᵉ siècle, par la multiplication des foyers de tension en Europe et ailleurs, puis par la conflagration de l'été 1914. À l'automne 1918, après quatre années de guerre mondiale, la France se trouve dans le camp des vainqueurs. Mais les années d'immédiat après-guerre sont pour elle très difficiles : dans un « monde ruiné, nerveux, tourmenté » (Paul Vaillant-Couturier, 5 juillet 1922), il faut reconstruire, remettre l'économie en marche, rendre aux anciens combattants une place dans la vie collective. Il faut aussi statuer sur le sort de l'Allemagne. Les signataires du traité de

Versailles édicté en juin 1919 font peser sur la principale puissance vaincue la responsabilité de la guerre et la condamnent à verser de très lourdes réparations. Côté français, des négociations tendues avec les alliés et des débats incisifs dans une Chambre des députés composée à près de 45 % d'anciens combattants montrent que la question des réparations est particulièrement sensible. Le gouvernement dirigé depuis la mi-janvier 1922 par Raymond Poincaré se déclare favorable à une politique intransigeante vis-à-vis de l'Allemagne. Des voix hostiles se font entendre à la Chambre : les communistes se battent de toutes leurs forces contre cette politique. Dans leur panoplie figure l'assaut verbal.

Le « Nous accusons » de Paul Vaillant-Couturier
(5 juillet 1922)

C'est par l'expression « Poincaré-la-Guerre » que le député communiste Paul Vaillant-Couturier conclut l'interpellation qu'il adresse de la tribune de l'hémicycle au gouvernement le 5 juillet 1922. Son intervention, consacrée aux « dangers que fait courir à la paix la présence à la présidence du Conseil d'un homme dont la politique a contribué à préparer et à prolonger la guerre », est un véritable réquisitoire. Pendant plus de deux heures, l'orateur s'en prend à la politique de

Poincaré, qu'il accuse d'avoir attisé les passions belliqueuses avant 1914 et de menacer en 1922 la fragile paix européenne établie sur les décombres de la Première Guerre mondiale. Les attaques de Vaillant-Couturier vont crescendo. Il tient d'abord des propos assez modérés, puis ses accusations se précisent et entraînent chez la majorité des députés des réactions virulentes. « Pour nous, explique-t-il, M. Poincaré représente tout ce que le nationalisme a pu produire de funeste avant, pendant et après la guerre » ; plus tard, il s'adresse directement au président du Conseil : « Votre présence est une victoire quotidienne pour les impérialistes allemands. » Son « Poincaré-la-Guerre » lui vaut de « *vifs applaudissements sur quelques bancs à l'extrême gauche* » et de « *vives interruptions prolongées à droite, au centre et à gauche* ».

Paul Vaillant-Couturier, député de la Seine depuis 1919, âgé de trente ans en 1922, occupe une position importante dans le tout jeune parti communiste – SFIC (Section française de l'Internationale communiste). Il s'est prononcé au congrès de Tours (décembre 1920) pour l'adhésion aux vingt et une conditions de la IIIe Internationale et pour la rupture avec la SFIO de Léon Blum. À l'été 1921, il dirige la délégation communiste française au troisième congrès de l'Internationale, à Moscou. Membre de l'aile gauche du parti, il milite au comité directeur pour un rapprochement étroit avec la Russie bolchevique. Il est l'un des plus ardents avocats de la politique pacifiste défendue par son parti, notamment sur la question allemande. Son pacifisme, d'ailleurs, date d'avant 1920. Officier deux fois blessé pendant les combats de 1914-1918, il s'engage dès 1916 pour la paix. Il est, en 1917, l'un des membres fondateurs de l'ARAC (Association républicaine des anciens combattants). Il ne cesse depuis lors de stigmatiser les impérialistes fauteurs de guerre, hommes politiques (les dirigeants du bloc national), « diplomates faibles ou bornés » (Maurice Paléologue, par exemple), industriels (les métallurgistes du Comité des forges). Sa tribune de prédilection, ce sont les colonnes des périodiques : *Le Canard enchaîné*, *L'Œuvre* et *Le Journal du peuple* depuis 1917, le journal puis la revue du mouvement Clarté et *L'Humanité*, depuis 1920.

Journaliste et homme de lettres issu de la grande bourgeoisie protestante parisienne, licencié en histoire et docteur en droit, il fait partie du groupe d'intellectuels bourgeois communistes si actifs dans le parti. Son discours du 5 juillet exprime bien cette identité multiple. Ce jour-là, il défend fidèlement la ligne du parti, il insiste sur le bellicisme dangereux du président du Conseil, il accumule les références historiques et culturelles. « Croyez-vous, demande-t-il, que le fait de reconnaître la lourde responsabilité de l'Empire allemand doive exclure toute préoccupation de critique historique ? » En fin de discours, il lance à plusieurs reprises un retentissant « Nous accusons », image inversée du « J'accuse » de Zola : le « je » de l'écrivain devient le « nous » du parti, et aux nombreuses cibles du premier se substitue pour l'occasion Poincaré, cible privilégiée des seconds.

> « Nous accusons M. Poincaré d'avoir fait la politique russe, de s'être prêté à la propagande tsariste.
> [...] Nous l'accusons d'avoir été l'homme sur lequel se cristallisaient les désirs de revanche de la partie la plus turbulente de nos nationalistes. Nous l'accusons d'avoir été ce que Jaurès espérait qu'il ne serait pas : le président de la réaction ou de la guerre. (*Vives interruptions.*) [...] Nous l'accusons d'avoir lancé la France dans une guerre que la mobilisation russe provoquait. Nous l'accusons d'avoir compromis, de 1912 à 1914, les destinées de la France, quelles qu'aient été les volontés de l'Allemagne. (*Vives interruptions au centre, à gauche et à droite.*) »

Contre-feux

Si la diatribe de Vaillant-Couturier ne lui vaut pas de sanction de la part du président de séance Lefèvre (le même jour, son collègue communiste Ernest Lafont, en revanche, est rappelé à l'ordre avec inscription au procès-verbal pour avoir invectivé le président au milieu d'un tohu-bohu de claquements de pupitres), les députés du reste de la gauche, du centre et de droite prennent nettement position contre l'orateur. Ils le font en général collectivement : ils s'agitent, crient, protestent, ou bien ils mènent des discussions particulières qui couvrent sa voix. La presse du lendemain évoque ces conversations, leur « bruit » (*Journal officiel*), leur « murmure agaçant » (*L'Humanité*). Certains se font davantage remarquer. Charles Bernard, vieux routier de la vie parlementaire, né en 1858 et député pour la première fois en 1898, expert en interruptions, tâche de mettre les rieurs de son côté de sa « voix fluette et ironique » (*Le Petit Parisien*, 6 juillet) : il baptise plaisamment « Colrat-la-Guerre » le sous-secrétaire d'État à la présidence du Conseil et des Affaires étrangères, cible secondaire de Vaillant-Couturier. René Viviani, président du Conseil en 1914-1915, interrompt pour sa part Vaillant-Couturier pour défendre avec passion la politique française menée par Poincaré : son discours est longuement applaudi et de nombreuses voix s'élèvent contre l'orateur communiste : « Allez-vous-en ! »

Quant à Poincaré, il prend la parole en fin de séance pour exprimer son indignation. « Je demande donc à la Chambre, pour employer une expression familière, de crever cet abcès dont la purulence retombera sur ceux qui ont voulu qu'on discutât ici. »

Poincaré a trente-trois ans de plus que Paul Vaillant-Couturier. Avocat de formation, il siège pour la première fois à la Chambre des députés à l'âge de vingt-sept ans (1887). En 1892 – année de naissance de Vaillant-Couturier – il est déjà ministre de l'Instruction publique et des Cultes. Président de la République entre 1913 et 1920, il siège ensuite au Sénat. Début juillet 1922, voilà presque six mois qu'il est président du Conseil.

Tandis que *L'Humanité* loue le discours de Vaillant-Couturier et souligne « la gravité, le sérieux, la précision de l'intervention de notre ami », la presse non communiste se montre très critique, très incisive. Les contre-attaques sont à la fois indignées et condescendantes. « Jeune, la figure rasée, jouant le tribun, un Saint-Just gras, il va pendant deux mortelles heures faire un pauvre cours d'histoire contemporaine », lit-on dans *Le Figaro* du 6 juillet. Ou encore, dans *Le Temps* du 7 juillet : il est « un élève médiocre égaré dans les ténèbres d'une histoire à laquelle il n'a rien compris ou rien voulu comprendre » – et *La Croix* tient le même jour le même langage. Vaillant-Couturier est renvoyé à ses études, ravalé bien en deçà d'un Poincaré dont la dignité et l'expérience devraient l'écraser. Son pacifisme affiché et son internationalisme communiste servent, lit-on, les intérêts de l'Allemagne contre la France. La presse non communiste ne l'accuse pas pour autant de lâcheté. Son courage au combat en 1914-1918 – il a reçu la croix de guerre – le protège de ce type d'attaque.

La nature des réactions que provoque l'expression « Poincaré-la-Guerre » mérite explication. À eux seuls, ces trois mots font-ils vraiment insulte ? Symbolisent-ils aux yeux des adversaires de Vaillant-Couturier le franchissement des bornes de l'acceptable ? La charge du député communiste contre le président du Conseil s'inscrit en fait dans une offensive politique beaucoup plus ambitieuse.

Le camp adverse ne s'y trompe d'ailleurs pas : c'est l'ensemble du débat sur les responsabilités de la guerre – et non pas simplement l'expression « Poincaré-la-Guerre » ou l'interpellation de Vaillant-Couturier dans son ensemble – qui constitue, selon André Tardieu, « une insulte à la vérité que tout le monde sent depuis 1914 [...] ». Et *Le Figaro* du 6 juillet dénonce « la campagne contre M. Poincaré ». Car la Chambre des députés est un front parmi d'autres dans le combat politique qui oppose la minorité communiste et la majorité parlementaire au début des années 1920. La presse est en effervescence ; l'atmosphère est électrique dans les meetings ou dans les assemblées (par exemple au conseil général de la Seine, le 5 juillet). Les propos de Vaillant-Couturier reprennent ainsi, comme en écho, des dizaines d'attaques semblables, ou même plus agressives encore.

La longue offensive communiste (janvier-juillet 1922)

Le conflit entre les communistes et le président du Conseil éclate dès son entrée en fonctions, à la mi-janvier 1922. Il prend de très nombreuses formes, et chacun de ses épisodes se nourrit de tous ceux qui le précèdent. Le 5 juillet, par exemple, les députés gardent en mémoire la très forte tension de la veille. Le *New York Times* du 5 juillet évoque cette épouvantable tempête politique (« *tremendous political storm* ») qui secoue la Chambre le 4 : au cours des débats, le député de droite Pierre Taittinger dénonce à haute voix le comportement de Vaillant-Couturier à son banc : « Je vois M. Vaillant-Couturier qui sourit. » Son interlocuteur lui répond : « Je souris souvent, mais je ne souris pas devant les morts ! » D'après *L'Humanité*, « la phrase tombe, comme la pierre d'une fronde, au banc ministériel. Poincaré-la-Guerre s'y dresse, rageur : "Expliquez ce mot abominable !" » D'après *Le Temps*, Poincaré se serait alors écrié : « Honte, honte, trois fois honte aux calomniateurs ! » Aux deux insultes très brutales que lui lance le président du Conseil (« Vous joignez la lâcheté au mensonge ! ») Vaillant-Couturier répond en deux temps : il rappelle son courage pendant la guerre et il revient sur l'affaire du « sourire ». Car de quoi s'agit-il ? Sur un cliché pris à Verdun le 4 juin 1922, le président du Conseil présente semble-t-il au photographe un visage très réjoui.

Sourire ? Grimace due à l'éblouissement du soleil ? Poincaré défend la seconde explication, les communistes la première. *L'Humanité,* sous le titre : « Poincaré chez les morts », dénonce le 6 juin « l'homme qui rit ! ». Poincaré « n'hésite pas à venir encore insulter la tombe [des morts de Verdun] par sa présence et par son rire ». « Poincaré-la-Guerre » est « Poincaré-la-Mort ». La tension retombe un peu les jours suivants, même si quelques résurgences ponctuelles sont perceptibles ici et là : dans une caricature du 17 juin (*L'Humanité*), Poincaré se vante : « Moi, quand je veux rigoler, je vais dans les cimetières. » C'est le 4 juillet, à propos de l'intervention de Vaillant-Couturier, que les attaques reprennent de plus belle. « "L'homme qui rit" ne rit plus ! Flagellé à la Chambre par Vaillant-Couturier, Poincaré-la-Guerre devra s'expliquer aujourd'hui sur ses responsabilités », lit-on en première page de *L'Humanité* du 5 juillet, avec à l'appui la photo complète et un médaillon où est agrandi le visage de Poincaré. L'expression « l'homme qui rit », empruntée à Hugo, fait mouche et entre dans les esprits. Une carte postale représentant la scène du cimetière est tirée par le parti communiste à cent mille exemplaires, en plusieurs formats, avec des tarifs dégressifs en fonction des quantités commandées.

« L'homme qui rit » s'ajoute à tous les surnoms dont le président du Conseil est déjà affublé par les communistes, et notamment à « Poincaré-la-Guerre ».

L'Humanité du 16 janvier annonce « la composition définitive du cabinet constitué [...] par Poincaré-la-Guerre », et précise : « Présidence du Conseil et Affaires étrangères : Poincaré-la-Guerre. » L'expression revient en gros titres le lendemain, et les trois jours suivants. Puis elle réapparaît plus irrégulièrement, avec des pointes fin avril ou fin mai. En juin, le surnom figure quatre fois sur les « unes » du journal. Le président du Conseil est aussi, selon *L'Humanité*, un « dangereux malfaiteur » (17 janvier). Dans la série « La vie des grands assassins », il est décrit le 22 comme « menteur » et « faussaire ». « Valet » le 24, le voici « falsificateur » le 25. Par antiphrase, « Poincaré-le-Véridique » (4 février), puis « Poincaré-le-Martyr » (28 juin) se font écho. Réduit à son prénom, le président du Conseil devient « Raymond-l'Inconscience » le 17 janvier et « Raymond-la-Guerre » le 31 mai. Il est « le ridicule petit Poincaré » le 8 février et « le Ponce Pilate du Quai d'Orsay » le 11.

Les caricatures de première page de *L'Humanité* redoublent les attaques. Petit, empâté, un crâne proéminent déséquilibré vers l'avant, quasiment chauve (une petite touffe au-dessus de chaque oreille, les moustaches et la barbiche blanches), il est croqué chaque jour ou presque, seul ou en groupe. Le 20 janvier, il a une tête de mort et son « maroquin » est en « peau de poilu ». Le 23, dans « Sa popularité », une jeune femme se rend aux toilettes avec un numéro du *Petit*

Journal illustré qui le représente en couverture. Le 1ᵉʳ février, un chien urine sur ce même numéro du *Petit Journal illustré*. Le 3, apparaît « Raymond-le-Fol », criant à tue-tête : « Le Boche payera ! Le Boche payera ! » Le 4 février, dans « Fâcheuse ressemblance », deux hommes discutent. Le premier s'étonne : « Comment, tu as fait raser ton bouc et ta moustache ? » L'autre répond : « J'en avais assez de me faire injurier ; partout, on me prenait pour Poincaré ! » Figuré en Ratapoil le 26 mai, en cannibale le 23 juin dans « Un conseil chez les sauvages » (vêtu d'un simple pagne, environné d'ossements, il s'apprête à dévorer la Paix qui rôtit à la broche), il est criminel, voire assassin. « Poincaré-la-Guerre » est tenu responsable de millions de morts. Considéré par les communistes comme le bourreau d'un peuple allemand écrasé par le traité de Versailles, il hérite de certains traits attribués avant et pendant la guerre à l'empereur et à l'état-major allemands : sourire sadique, penchant pour l'anthropophagie.

D'autres que lui ont droit aux attaques communistes : le président de la République Alexandre Millerand (« le Petit Alexandre » ; « Millerand-l'Aventure ») ; le ministre de la Justice Louis Barthou, sans cesse caricaturé lui aussi tandis qu'il représente la France à la Conférence internationale de Gênes au printemps 1922 ; les députés nationalistes Maurice Barrès (« Barrès-le-Jésuite », « Barrès-la-Fuite ») ou Léon Daudet

(« Daudet le nez dans son ordure », le 31 mai) ; la majorité parlementaire (« Chambre maudite » le 12 janvier, « Chambre hurlante » et « aboiements de la meute » le 16). Charles Maurras « lâche, gredin, imbécile » (5 juillet). Les radicaux et les socialistes sont aussi visés. *L'Humanité* fustige « la radicaille opportunarde » le 24 janvier, dénonce le 17 mars *Le Populaire* de Léon Blum, « la feuille des dissidents », « si venimeuse et si pleine de fiel ».

Insulter, pour quoi ?

Tous ces exemples laissent deviner une pratique partisane systématique, suivie et ordonnée de l'insulte, avec des constantes rhétoriques au service d'objectifs politiques qu'il convient d'étudier maintenant. Les attaques orchestrées par le parti communiste contre Poincaré, son gouvernement et ses soutiens à la Chambre et en dehors traduisent une divergence radicale de vues sur la guerre et ses causes. Stigmatiser « Poincaré-la-Guerre », le décrire comme un être sanguinaire, c'est brouiller l'image très négative qui a été véhiculée contre les communistes à l'approche des élections législatives de 1919, celle de l'« homme au couteau entre les dents ». En défendant la paix, le parti communiste veut montrer que la véritable violence est celle qu'exercent ses adversaires politiques. Le parti tâche de s'affirmer après guerre comme une force révolutionnaire en rupture avec l'ordre bourgeois, soucieuse des intérêts des anciens combattants, des prolétaires et des populations colonisées contre un pouvoir oppresseur. Le 5 juin, Vaillant-Couturier appelle de ses vœux « l'ère d'une politique nouvelle ».

En maniant l'outrance verbale à la Chambre et ailleurs, ses membres entendent plus spécifiquement montrer leur détermination face au reste de la gauche et se démarquer en particulier de la SFIO de Léon Blum après la scission de Tours. Tâche difficile pour un parti né des entrailles de la SFIO, dont la douzaine de députés à la Chambre de 1922 étaient étiquetés socialistes lors des élections législatives de 1919, dont le principal journal, *L'Humanité,* était l'organe de la SFIO avant la scission ; socialistes et communistes se disputent l'héritage de Jean Jaurès, cité à plusieurs reprises par Vaillant-Couturier dans son interpellation du 5 ; il se trouve, en outre, que la SFIO exprime, tout comme le parti communiste, sa profonde défiance vis-à-vis de Poincaré : dans *Le Populaire,* Léon Blum a, lui aussi, employé l'expression « Poincaré-la-Guerre » à la mi-janvier 1922 ; il a, lui aussi, déposé début juillet une demande d'interpellation sur les responsabilités de la guerre, qu'il prononce le 6. En 1922, les identités ne sont pas encore fixées dans l'opinion publique : *La Croix* du 6 juillet parle de l'offensive des « socialistes » contre Poincaré. L'après-Tours est une période de flou et de repositionnements. Les mots d'ordre du Komintern alimentent des discussions très tendues. L'idée d'un front unique, front de combat de la classe ouvrière contre les capitalistes, est soutenue par Moscou, mais les dirigeants communistes français sont nombreux à lui préférer une tactique de bloc des gauches, plus accueillante aux forces bourgeoises progressistes. Dans la ligne de l'Internationale, Vaillant-Couturier est de ceux qui veulent convaincre de la nécessité d'un front unique. Dans cette perspective, la pratique collective de l'insulte dans les rangs communistes a aussi pour objectif de resserrer les rangs contre les adversaires politiques et de cimenter une unité problématique.

Pour défendre leur légitimité auprès de leur électorat, les députés communistes savent par ailleurs qu'ils doivent lui donner des gages. Comme Vaillant-Couturier, ils sont en majorité issus de milieux bourgeois et, à ce titre, en décalage avec les ouvriers. Pour se faire reconnaître comme d'authentiques communistes, ils bataillent âprement. Ils œuvrent à homogénéiser les discours et les pratiques dans le parti, dans sa presse et ailleurs. Ils savent que le parlementarisme classique est peu apprécié par la base militante du parti. Ils durcissent leur discours, rompent avec les us et coutumes de la Chambre.

Il n'est pas indifférent, en outre, que Vaillant-Couturier se retrouve en première ligne à l'été 1922.

Avec Marcel Cachin, il est depuis la fin du mois de mai 1922 sous le coup d'une demande de levée d'immunité parlementaire pour des propos qu'ils ont publiés dans la presse communiste. Combattants de la cause, les deux hommes risquent bien d'en devenir les martyrs si leurs adversaires les mettent hors d'état de nuire à la Chambre. Ils savent parfaitement que les poursuites engagées contre eux peuvent les servir – d'ailleurs, la procédure traîne, ce qui montre la gêne de la majorité de l'Assemblée vis-à-vis de cette arme à double tranchant. De sorte que le 5 juillet est un épisode parmi beaucoup d'autres dans un bras de fer engagé depuis des mois.

L'insulte et l'appareil communiste

L'expression « Poincaré-la-Guerre » poursuit sa carrière en 1922, et bien au-delà. Le 28 août 1922, d'après un rapport adressé au préfet par le commissaire spécial de Rouen, des « cartes postales "Poincaré-la-Guerre" » sont vendues à l'issue d'un meeting communiste organisé au Petit-Quevilly en faveur des « Russes affamés ». En janvier 1923, l'occupation de la Ruhr ordonnée par Poincaré relance « Poincaré-la-Guerre » et fait émerger « Poincaré-la-Ruhr ». Près de cinq ans plus tard, à Moscou, la parade militaire qui marque le dixième anniversaire de la révolution d'octobre

(7 novembre 1927) est prolongée par le défilé d'immenses marionnettes, dont l'une figure « Poincaré-la-Guerre ». Dans *La Révolution surréaliste*, Paul Éluard (qui est alors membre du parti communiste) publie le 15 décembre 1929 « Vitesse des morts », où il évoque quelques « agonisants » : « Poincaré-la-Guerre, Clemenceau-la-Honte et Tristan Bernard-le-pauvre-con ». Le 19 octobre 1932, *L'Humanité* dénonce le soutien de « Poincaré-la-Guerre » au président du Conseil radical Édouard Herriot.

Au-delà, on aimerait savoir si les assauts de 1922 donnent les résultats politiques espérés par les communistes. Rien n'est moins sûr. Le gouvernement Poincaré, aux affaires jusqu'au printemps 1924, ne semble pas vraiment fragilisé par cette campagne. Alors qu'il ne dispose au tout début de l'été 1922 que d'une très courte majorité parlementaire, il se renforce ensuite à la faveur d'un réflexe patriotique d'« Union sacrée ». Il poursuit sa politique de grande intransigeance vis-à-vis de l'Allemagne pour ne reculer, à la fin de l'année 1923, que sous la pression anglo-saxonne. Dans le même temps, les effectifs du parti communiste s'effritent ; le parti peine à trouver sa place sur l'échiquier politique, même si ses représentants à la Chambre des députés constituent un pôle d'opposition radicale dans les années 1920. Vaillant-Couturier, en particulier, reste à la pointe du combat. Le 11 janvier 1923, il est censuré pour avoir jeté au visage du député conservateur Erlich, un ex-socialiste qu'il considère comme un traître, une poignée de pièces de monnaie (les « trente deniers » pour « Judas-Erlich », rapporte *L'Humanité* du lendemain). Après que la demande de levée d'immunité parlementaire de 1922 a fait long feu, il est de nouveau soumis à cette procédure en 1927 pour délit de presse ; cette fois, la demande aboutit. Il est arrêté en 1928 à la sortie de la Chambre des députés, et emprisonné plusieurs mois.

Dans ces conditions, la campagne contre Poincaré informe probablement davantage sur le fonctionnement du parti communiste, et plus globalement sur le système des partis dans la France de la première moitié du XXe siècle. La loi sur les associations (1901) marque dans cette histoire une première étape essentielle : la naissance de partis politiques beaucoup mieux structurés que les forces politiques qui leur préexistaient (démoc-socs du milieu du XIXe siècle, boulangistes de la fin du XIXe...). La fondation du parti communiste (1920) inaugure à grande échelle des pratiques politiques originales : les communistes sont censés obéir à des consignes d'action ; ils mènent un combat identique en meeting, dans les colonnes des journaux, à la tribune de la Chambre des députés ; ils se placent au service de l'appareil ; l'insulte, de pratique individuelle tend à devenir pratique collective, en fonction de mots d'ordre précis. Paul Vaillant-Couturier utilise avec talent ces armes de combat. Il ne s'exprime pas en son nom propre : il est un porte-parole qui insulte pour le parti. Les attaques lancées par lui et les siens dans les années 1920 sont probablement à replacer dans un climat de violence plus global, hérité de la guerre de 1914-1918. Elles sont également le signe d'une évolution décisive dans les pratiques politiques. « Allons-nous revenir aux mœurs politiques d'avant guerre ? » se demande le journaliste du *Petit Parisien* qui rend compte de la séance du 5 juillet 1922. On est tenté de dire que cette question appelle une réponse négative, car une page de l'histoire parlementaire de la France est tournée.

10

« Pour la première fois, ce vieux pays gallo-romain... »

Insulte et exclusion de l'autre
(1936)

Le cliché a sans doute été pris peu après 15 heures, le 6 juin 1936. Le photographe, placé très haut côté gauche, saisit en un plan assez large la tribune et les premiers rangs du centre et de la droite. Léon Blum est en train de prononcer un discours, feuillets en main. Le président de la Chambre, Édouard Herriot, le surplombe au perchoir. Au pied de la tribune, les bancs des ministres sont très garnis. On y distingue au deuxième rang les profils de deux femmes sous-secrétaires d'État – c'est la première fois dans l'histoire de la République. Les députés sont presque tous présents, assis en rangs serrés. La plupart portent une grande attention aux paroles de l'orateur. Ils ont les bras croisés, ou les deux mains posées sur leur pupitre, ou une main sous leur menton. Quelques-uns laissent errer leur regard sur l'hémicycle. On remarque une ou deux conversations particulières, pas davantage. Au quatrième rang, à l'extrême droite, les mains à hauteur de sa poitrine, l'œil droit obturé par un cache, c'est Xavier Vallat, lui aussi attentif.

Le 6 juin 1936, le président du Conseil SFIO, Léon Blum, présente sa politique à la Chambre en vue de son investiture. L'éclatante victoire du Front populaire, grâce à un efficace report des voix lors des élections législatives de mai – environ trois cent quatre-vingts députés sur six cents, et la SFIO, avec cent quarante-neuf sièges, domine –, ne laisse aucun doute sur l'issue du vote d'investiture qui interviendra en fin de séance. L'Assemblée est calme.

Cette atmosphère contraste avec la tension qui règne dans le pays en cette fin de printemps 1936. L'Allemagne nazie et l'Italie fasciste inquiètent de plus en plus les républicains. Sur fond de crise économique et de mécontentement social, il y a début juin, en France, deux millions et demi de grévistes qui attendent beaucoup de la victoire du Front populaire ; de nombreuses usines sont occupées. La droite défaite est sur la défensive : elle se méfie de l'alliance nouée entre socialistes, radicaux et communistes. Deux démissions sont déjà programmées, qui seront annoncées en fin de séance du 6 : les députés de droite Édouard Soulier et Gustave Guérin, respectivement vice-président et secrétaire de la Chambre, vont renoncer à leurs fonctions devant le refus majoritaire de choisir dans les rangs de la droite l'un des questeurs de la Chambre.

De cuisants souvenirs continuent en outre de hanter les esprits des députés : vingt-huit mois plus tôt jour pour jour, le 6 février 1934, la séance d'investiture du gouvernement Daladier a été l'occasion de rassemblements massifs face au Palais-Bourbon. Anciens combattants et membres des ligues d'extrême droite ont scandé le slogan « À bas les voleurs ! » tandis que circulait un tract de la ligue Solidarité française, adressé au « peuple de France » (« [...] Ton Parlement est pourri. Tes politiciens compromis. Ton pays livré à la boue des scandales. Ta sécurité menacée. [...] ») ; la foule a conspué les députés éclaboussés par une série de scandales financiers (notamment l'affaire Stavisky) et protesté contre le limogeage du préfet de police Chiappe suspect, aux yeux des radicaux, de bienveillance vis-à-vis des ligues. La démonstration de force a dégénéré en émeute ; quinze manifestants ont été tués. La pression de la rue a débouché sur la démission du gouvernement Daladier, de sorte que l'extrême instabilité politique des années 1930, l'antiparlementarisme et l'antisémitisme ambiants sont tout à fait palpables début juin 1936, dans la presse, dans les rues, dans l'hémicycle. La violence verbale et la violence physique (opérations coup de poing, violentes bagarres) se font écho.

Léon Blum souhaite démontrer début juin son optimisme et sa détermination. Il explique à la radio le 5 qu'« un grand avenir s'ouvre devant la démocratie française. Je l'adjure, comme chef du gouvernement, de s'y engager avec cette force tranquille qui est la garantie de victoires nouvelles ». Le 6, devant les députés, il affirme : « L'immensité de la tâche qui nous incombe, bien loin de nous décourager, ne fait qu'accroître notre ardeur. »

Quelque temps après le discours de Blum, Xavier Vallat prend la parole pour présenter une interpellation. Il ne se contente pas d'exprimer son opposition au Front populaire. Il agresse l'orateur :

> « M. Xavier Vallat : Votre arrivée au pouvoir, monsieur le président du Conseil, est incontestablement une date historique. Pour la première fois, ce vieux pays gallo-romain sera gouverné…
>
> M. le président : Prenez garde, monsieur Vallat.
>
> M. Xavier Vallat : … par un Juif. »

Vallat poursuit, se justifie, approfondit son attaque. Le satisfecit d'Édouard Herriot après le vote d'investiture, en fin d'après-midi (« Je remercie la Chambre de m'avoir permis de conduire à bonne fin cette longue séance ») sonne faux. L'attaque de Vallat est d'une rare violence. Elle fait insulte, et au plus haut point. Mais quels en sont les mécanismes, et que nous apprend-elle sur l'état des esprits, au Palais-Bourbon et au-delà ?

Vallat à l'attaque

L'agresseur est député de la Fédération républicaine de Louis Marin, une formation politique regroupant droite modérée, droite nationaliste et droite catholique traditionaliste et antisémite. Il est, en 1936, son premier vice-président. Comme son ami Philippe Henriot, il anime dans le parti un courant extrémiste ; il soutient par ailleurs les Jeunesses patriotes, la ligue fascisante du député Pierre Taittinger, et il est très proche des Croix-de-Feu du colonel de La Rocque ; les propos qu'il tient à l'encontre de Léon Blum s'inscrivent dans la droite ligne de ces engagements. Il veut flétrir et fragiliser, c'est indéniable, le président du Conseil.

Après l'agression, il jure qu'il n'était animé d'aucune mauvaise intention (« Je n'ai pas pris cela pour une injure » ; « C'est une constatation historique, monsieur le président. ») Les explications qu'il fournit sont autant d'assauts supplémentaires. « Je constate que, pour la première fois, la France aura eu son Disraeli » ;

« Je dis […] que pour gouverner cette nation paysanne qu'est la France, il vaut mieux avoir quelqu'un dont les origines, si modestes soient-elles, se perdent dans les entrailles de notre sol, qu'un talmudiste subtil. » Il dénonce aussi chez Blum une « persévérance diabolique dans l'erreur », il le présente comme un « esprit supérieur, qui se refus[e] à voir les humbles réalités de la vie ». Il dénie au président du Conseil toute légitimité à gouverner la France pour des raisons d'ordre racial et religieux.

L'attaque est très brutale, non seulement sur le fond mais aussi sur la forme – davantage, en tout état de cause, que ne le laisserait supposer la lecture du *Journal officiel*. Dans leur retranscription d'une des attaques antisémites les plus caractérisées de Vallat (« Lorsque le Français moyen pensera que les décisions de M. Blum auront été prises dans un cénacle où figureront, à leur ordre d'importance, son secrétaire, M. Blumel, son secrétaire général, M. Moch, ses confidents, MM. Cain et Lévy, son porte-plume, M. Rosenfeld, il sera inquiet »), les sténographes emploient « cénacle » en lieu et place de « sanhédrin » – conseil suprême ou tribunal pour le peuple juif. De nombreux comptes rendus de la séance, dans des journaux de droite comme de gauche, rapportent « sanhédrin », beaucoup plus agressif que « cénacle » dans la bouche de l'orateur.

La phrase : « Pour la première fois, ce vieux pays gallo-romain […] sera gouverné par un Juif » n'est donc que le premier épisode d'une longue offensive en séance. Son auteur n'en est d'ailleurs pas à son coup d'essai. Dans la biographie qu'il lui consacre, Laurent Joly rapporte qu'il a déjà tenu des propos antisémites à une dizaine de reprises dans sa carrière de député (1919-1924, puis à partir de 1928) sans compter ses interventions dans la presse ou en réunions publiques : « talmudiste subtil » (6 juin 1936) fait ainsi écho à « subtile intelligence hébraïque » (*La Gazette d'Annonay*, 22 avril 1933). Vallat charrie dans ses propos de nombreux fragments d'un antisémitisme de droite. La mention du Premier ministre britannique Disraeli est déjà présente dans *Le Charivari* du 23 mai 1936. Plus largement, les pensées de Maurras ou de Drumont l'imprègnent. L'interpellation du 6 juin 1936 est une fenêtre ouverte sur l'histoire de l'antisémitisme. Mais elle marque aussi l'inscription de cet antisémitisme dans le débat parlementaire. Aux déclarations à l'emporte-pièce qu'il prononçait auparavant, Vallat substitue une charge en bonne et due forme, colonne vertébrale d'une longue interpellation, à froid.

Pour ses paroles sur le « vieux pays gallo-romain […] », Vallat écope d'un rappel à l'ordre avec inscription au procès-verbal. Édouard Herriot, le président de la Chambre, signifie par là que les propos de l'orateur ont revêtu un caractère injurieux. Par la suite, Herriot se contente de menaces non suivies d'effet à l'encontre de Vallat. Il lui importe surtout de maintenir l'ordre dans l'hémicycle ; d'où sa tendance à déclarer, parfois bien hâtivement, qu'un « incident est clos » ou « réglé ». Député sans discontinuer depuis 1919, président de la Chambre en 1925-1926, rappelé à cette éminente fonction le 4 juin 1936, Herriot incarne un radicalisme modéré, très peu vindicatif. Il n'est pas certain qu'il ait interrompu Xavier Vallat après « ce vieux pays gallo-romain sera gouverné » ; des agences de presse et des journaux rapportent, contrairement au *Journal officiel*, que Vallat a pu prononcer la totalité de sa phrase sans être interrompu.

En refusant à Léon Blum un droit de réponse après les mots de Vallat, Herriot s'emploie à désamorcer l'éventualité d'un conflit ouvert en séance. Plus tard, Blum doit s'en tenir à un rapide : « C'est vrai » lorsque Vallat explique que le président du Conseil a toujours revendiqué avec fierté « sa race » et « sa religion ». Blum est victime depuis l'affaire Dreyfus de très nombreuses attaques à caractère antisémite. En 1898, par exemple, des billets d'enterrement de « Blum Poudd-Yng » – un nom doublement étranger puisqu'il est forgé à partir du *plum-pudding* anglais et que sa sonorité se veut sémite – sont diffusés par les antidreyfusards. Il adopte très tôt contre ce type d'attaques une ligne de conduite claire, qu'il expose par exemple à la Chambre en janvier 1923, au plus fort de la tension avec l'Allemagne : à Léon Daudet qui lui a lancé « À Jérusalem ! » ou à ce(s) député(s) que Léon Archimbaud a entendu(s) crier

« Sale Juif ! », Blum répond : « L'intention de cette interruption est blessante. Mais elle ne m'a blessé en aucune façon, d'abord en raison des hommes qui l'ont lancée [...] ensuite parce que je suis juif, en effet. [...] Ce n'est pas m'insulter que de me rappeler que j'appartiens à une race juive, cette race que je n'ai jamais reniée. [...] Je suis né en France, j'ai été élevé dans des écoles françaises. Mes camarades sont français, je possède le français entièrement sans le moindre accent étranger. J'ai le droit de me considérer comme parfaitement assimilé. Eh bien, je n'en ai pas moins le sentiment d'être juif. Et jamais je n'ai remarqué entre ces deux phases de ma conscience la moindre contradiction, la moindre opposition. » Si Blum est affecté par l'attaque de Vallat le 6 juin 1936, au point de songer à quitter l'hémicycle, c'est parce que ses capacités à gouverner sont gravement remises en cause, parce que Vallat lui conteste son identité de président du Conseil.

La majorité de Front populaire interprète ainsi les paroles de Vallat et dénonce avec vigueur des propos évidemment antisémites. Ici aussi, le *Journal officiel* est un guide trompeur : « *À l'extrême gauche et à gauche, MM. les députés se lèvent et applaudissent le président du Conseil* », y lit-on après « un Juif ». Or, ils font davantage : ils s'en prennent directement à Vallat. La presse relève l'invective « scélérat ! » Sans doute, dans le droit fil des vifs débats des mois et des années précédents, le mot « fasciste ! » est également prononcé – *L'Humanité* du 7 juin fustige l'« offensive brutale et répugnante de la droite fasciste » et un antisémitisme « à la mode d'Hitler ». Plus tard dans la séance, la gauche de la Chambre exige la censure contre Vallat, sans succès.

Les fronts

La haine exprimée par Xavier Vallat le 6 juin 1936 n'est pas simplement de type antisémite. Elle se nourrit à diverses autres sources. Pour un homme viscéralement hostile au communisme, le soutien accordé par le parti communiste au gouvernement Blum est le signe avant-coureur de la révolution. Les grèves du printemps 1936 en fournissent, selon lui, la preuve. Le Front populaire, c'est l'entrée de Moscou dans la vie politique française ; le président du Conseil, juif mais agnostique, a lui-même un esprit révolutionnaire, aux antipodes du catholicisme conservateur de Vallat. Cette convergence entre antisémitisme et anticommunisme s'exprime, par exemple, le 15 février 1934, lorsque Vallat accorde sa confiance au gouvernement Doumergue lors de la séance d'investiture : avec Doumergue, « il nous a semblé entendre après la voix d'Israël [Blum] et celle de Moscou [Ramette], la voix de la France ! »

Moscou désigne à la fois le péril rouge et la menace étrangère. Car Vallat, ainsi qu'il le montre le 6 juin, est également xénophobe. Il est persuadé que les Juifs de France prônent la fermeté face à l'Allemagne pour défendre leurs coreligionnaires d'outre-Rhin, sans se soucier un instant des intérêts de la France. Dans son interpellation, il invoque sans cesse sa patrie (ce « vieux pays gallo-romain ») ; il met en opposition « notre race » et « leur race » ; il dénonce l'alliance des Juifs et des étrangers (et des protestants, et des francs-maçons que Vallat combat avec ardeur), cette « anti-France » désignée sans relâche à la vindicte populaire par Maurras et Action française.

Ajoutons à cela un antiparlementarisme virulent : en février 1934, Vallat fait sien le slogan « À bas les voleurs ! » ; il pourfend l'affairisme et la corruption – il est vice-président de la commission d'enquête sur l'affaire Stavisky –, il dénonce très vigoureusement dans son interpellation du 6 juin 1936 la répression qui s'est abattue contre les manifestants du 6 février 1934, ce qui conduit à une violente altercation gauche-droite à propos de l'ex-préfet Chiappe devenu député ; il ferraille contre les députés qui, selon lui, défendent le système (or Blum dirige jusqu'au printemps 1936 le groupe parlementaire SFIO à la Chambre), il rumine probablement aussi son échec du 4 juin, contre Édouard Herriot, pour le fauteuil de président de la Chambre. Ajoutons aussi un anti-intellectualisme qui se cristallise sur la figure d'un Blum membre de la bonne bourgeoisie parisienne, normalien, brillant, élégant dans son expression, « esprit supérieur » aux dires de Vallat, et une hostilité de type économique car, fidèle en cela aux schémas classiques de l'antisémitisme anticapitaliste (celui qui se déploie par exemple au XIXe siècle contre les banquiers Rothschild ou Pereire), Vallat suspecte Blum d'enrichissement frauduleux.

Ajoutons pour finir une haine de type sexiste. Le 6 juin, Xavier Vallat commence par saluer la présence de femmes au gouvernement et par appeler de ses vœux leur accession à l'électorat et à l'éligibilité. Puis il s'adresse à Blum : « Un de vos amis vous aurait dit que la France vous attendait comme une nouvelle mariée. Le mot était tout naturel, s'adressant à l'auteur d'un traité matrimonial. (*Sourires*.) » Le traité en question, c'est *Du mariage* (1907), où Blum explique que l'harmonie conjugale doit être fondée sur l'harmonie des cœurs et des sens, que les femmes ont intérêt à exercer leur liberté amoureuse avant leur mariage. Ce livre a fait couler beaucoup d'encre : Blum a été accusé d'immoralisme ; le défenseur des femmes dans le mariage est devenu pour ses ennemis un être efféminé, dépourvu de virilité. Vallat ne fait donc, ici encore, que s'inscrire dans une tradition : ses sous-entendus du 6 juin 1936 (« nouvelle mariée », mais aussi « corbeille de noces » ou « garçons d'honneur ») rappellent des paroles beaucoup plus brutales : celles de Léon Daudet dans *L'Action française* du 2 novembre 1933 («hybride ethnique et hermaphrodite»), les siennes aussi pendant une conférence d'Action française, à Poitiers, une quinzaine d'années avant la victoire du Front populaire : « [Blum] suppute des millions sur ses doigts fuselés et agiles comme ceux d'un peseur d'or, chasse, d'un geste excédé de petite maîtresse, les interruptions des collègues irrespectueux qui évoquent le ghetto ancestral, et termine ses discours de président du conseil d'administration par un fougueux appel à la révolution mondiale. » La charge de Poitiers est très caractéristique : elle concentre plusieurs haines en une, contre ce Blum que Vallat déteste à titre personnel. « Il est une raison qui m'interdit de voter pour le ministère de M. Blum, explique-t-il le 6 juin 1936, c'est M. Blum lui-même. »

Lorsqu'il reprend la parole en dernière partie de séance, c'est indirectement que Léon Blum répond aux propos insultants de Vallat. Il place son intervention sous le signe de la France. Il martèle que le Front populaire est le défenseur des traditions les plus authentiques de la République : son gouvernement est « sorti des profondeurs mêmes de la nation », il représente le peuple dans son ensemble. Il appelle à l'« union de la bourgeoisie et du peuple républicain, et de la masse des travailleurs et des paysans » contre les ligues factieuses. Il se place dans le sillage de 1789 et de la Déclaration des droits de l'homme et du citoyen, glorifiant la liberté conquise par le peuple « au prix d'un siècle et demi de sacrifices ». Il condamne les tentations césaristes en évoquant, par petites touches, le spectre du coup d'État du 2 décembre 1851 : « Le pays n'a pas à attendre de nous, ni à redouter de nous que nous couvrions, un beau matin, les murs des affiches blanches de la dévaluation, des affiches blanches d'un coup d'État monétaire. » Est-il besoin de préciser que ces mises au point ne convainquent pas son adversaire ? Vallat campe sur ses positions, persuadé que les Français, malgré la victoire du Front populaire, partagent ses idées.

Ce que la France pense tout bas ?

« J'ai cette originalité ici, qui quelquefois me fait assumer une tâche ingrate de dire tout haut ce que tout le monde pense tout bas. » Xavier Vallat n'est pas l'inventeur de l'expression, déjà présente chez Drumont quarante ans plus tôt. Il n'est pas non plus le dernier à l'utiliser. Jean-Marie Le Pen la remobilise à plusieurs reprises au cours de sa carrière politique. Le 23 avril 2007, à Dijon, dans la dernière ligne droite de la campagne présidentielle, le candidat Nicolas Sarkozy la prononce en meeting tandis qu'il tâche de rallier à lui une partie de l'électorat du Front national : « Pourquoi tant de haine ? Parce que je dis tout haut ce que tout le monde pense tout bas, que si l'on n'aime pas la France on n'est pas obligé d'y venir et l'on n'est pas obligé d'y rester, mais que lorsqu'on y reste, on est tenu de respecter ses lois, ses valeurs et ses mœurs. »

Vallat n'est pas fondé à se proclamer porte-parole des Français, au printemps 1936, mais il exprime néanmoins les pensées d'une France de l'antisémitisme (et de l'anticommunisme, et de la xénophobie). Tout le problème est de mesurer l'ampleur du phénomène. À la Chambre, par exemple, si les députés de droite ne protestent pas contre ses attaques du 6 juin 1936, c'est parce que certains partagent ses idées, parce que d'autres l'apprécient pour ses qualités d'orateur, pour son sens de l'humour, pour la détermination dont il fait preuve face au Front populaire et ne s'offusquent pas de ses propos. En cours de séance, le président Herriot tente de le mettre en porte-à-faux avec Le Cour Grandmaison, un député de droite qui a prononcé avant lui des paroles beaucoup plus modérées, mais ce dernier déclare qu'il refuse de se désolidariser de lui. En règle générale, les députés de droite (et une partie des députés du centre) réservent leur hostilité aux députés du Front populaire ou au président Herriot. Selon *Le Voltaire* (13 juin 1936), Vallat est « l'orateur de l'opposition ».

Dans les rangs de la gauche, il n'est pas douteux qu'un antisémitisme explicite ou larvé existe. Lorsqu'il jette à la face du député conservateur – et juif – Erlich les deniers de Judas en janvier 1923, lorsqu'en décembre 1928 il accuse brutalement Léon Blum de n'avoir dénoncé les agissements de deux spéculateurs que pour défendre les intérêts d'une banque rivale, Paul Vaillant-Couturier (de retour à la Chambre en 1936) a un comportement antisémite. Blum, en décembre 1928, ne se fait pas faute de dénoncer le procédé : il s'élève contre « l'ordre réitéré par Moscou : salir, tarer, déshonorer. Vaillant-Couturier ne croit pas un traître mot de ce qu'il dit. Mais il obéit : il accomplit l'infâme besogne ».

Hors du Palais-Bourbon, nombreux sont les journaux qui présentent un compte rendu favorable de l'interpellation de Xavier Vallat. Certains le font de manière indirecte : le *Journal des débats* rapporte que Léon Blum n'a pas été capable d'apporter des réponses satisfaisantes aux interpellations qui lui ont été adressées – celle de Vallat, d'autres encore –, que la violence politique parlementaire n'est que le fait de députés de gauche qualifiés de « fauves » ou de « bande d'enragés ». *La Croix* est plus explicite : le journal cite les propos de Vallat, ajoute qu'« à ces mots M. Léon Blum fait semblant de quitter sa place et une tempête de vociférations s'élève [à gauche] », glisse une remarque ironique (« constater que quelqu'un est juif est une injure »), signale que « M. Vallat a rappelé les prophéties de Léon Blum » – de fait, Vallat a reproché à Blum de s'être assuré « une réputation bien établie de prophète qui se trompe ». *L'Action française*, qui a titré le 5 juin « La France sous le Juif », poursuit sur sa lancée le 8 : « C'est à un Blum judaïsant, talmudisant, au Blum militant pour son peuple, que Xavier Vallat s'en est pris avec un très rare bonheur » (Charles Maurras).

Et puis, il y a les courriers de félicitations reçues par Vallat aux lendemains de son interpellation, qu'il conserve ensuite, et que Tal Bruttmann et Laurent Joly étudient dans *La France antijuive de 1936*. Près de deux cent quarante lettres de soutien (contre une quinzaine seulement de lettres réprobatrices) lui sont envoyées de tout l'Hexagone, et d'Algérie. Leurs auteurs ont des profils très divers : « Du militant d'Action française à la mère de famille catholique, de l'industriel anticommuniste au militaire pontifiant, de l'aristocrate poli au petit commerçant d'Algérie, du prêtre mystique à l'admirateur exalté. Quelques fous, des angoissés en grand nombre et, surtout, une majorité de gens ordinaires. » Voici par exemple les cinquante-deux anciens combattants qui postent d'Alger, le 18 juin 1936, quelques phrases en lettres capitales : « À bas Léon Blum. À bas les Juifs, race pourrie ! Vive la France. Vive l'armée. Un groupe d'anciens combattants, tous gallo-romains. »

Persistance de l'antisémitisme

Au moment où il accède à la présidence du Conseil, Blum a presque soixante-cinq ans. Il a été déjà si souvent attaqué sur ses origines, sur ses engagements politiques et sociaux, sur ses mœurs, qu'il a probablement mérité le surnom d'« homme le plus insulté de France ». En 1936, dans les mois qui précèdent l'assaut de Xavier Vallat, il a pu lire, en janvier, sous la plume d'Henry Béraud, dans *Gringoire* : « [...] apparition de mauvais rêve, vous franchissiez la grille du Palais-Bourbon, [...] ensuite, à bonds de chèvre, vous escaladiez les degrés de la tribune... » ; il a été blessé à la veine temporale le 13 février, pris à partie à l'angle de la rue de l'Université et du boulevard Saint-Germain par des Camelots du Roy (Action française) tandis qu'il venait de quitter la Chambre des députés en voiture. L'assaut de Xavier Vallat, le 6 juin, s'ajoute à cette longue liste.

Si la confiance est votée le 6 juin à une large majorité (trois cent quatre-vingt-quatre voix contre deux cent dix) et si le gouvernement, la Chambre et le Sénat s'engagent dans une longue série de réformes, les tensions ne s'apaisent pas pour autant. Avec beaucoup d'autres, Vallat poursuit son offensive. Le 17 mars 1938, Léon Blum se présente devant la Chambre avec un nouveau gouvernement dit d'Union nationale. Vallat prend la parole et déclare, selon le *Journal officiel* : « Et j'ajoute, pour mon compte personnel, qu'il me paraîtrait inconvenant que l'union des Français se fît autour de l'homme qui représente si intensément le peuple que la malédiction divine a condamné à ne plus avoir de patrie » (ou bien, dans d'autres journaux : « un homme qui symbolise une malédiction divine » ; « un homme qui appartient à un peuple qui symbolise la malédiction divine »). La gauche proteste très vigoureusement, la droite applaudit.

La défaite militaire contre l'Allemagne au printemps 1940 et le naufrage de la IIIe République débouchent sur la naissance du régime de Vichy. Philippe Pétain et son gouvernement tiennent Léon Blum pour l'un des responsables principaux des malheurs de la France ; il est jugé en 1942 par la Cour suprême de Riom tandis que les cinémas français projettent des films de propagande où il est présenté comme l'archétype du Juif honni. Quant à Xavier Vallat, il trouve sous Vichy l'occasion de mettre ses théories en pratique : il occupe à partir de mars 1941 la direction du Commissariat général aux questions juives. C'est pour lui le point d'aboutissement d'un parcours pour lequel le discours du 6 juin 1936 marque une étape décisive : « Les réactions enthousiastes que son discours a suscitées vont le persuader qu'il a un destin antisémite possible ou, à tout le moins, une compétence certaine sur le sujet » (Laurent Joly). Ainsi, entre les années 1890 et Vichy, se déroule tout un cycle de l'histoire de l'antisémitisme ; en évolution constante, nourrie après la Première Guerre mondiale par la montée de l'anticommunisme, cette haine qui circule dans la population française trouve à plusieurs reprises l'occasion de s'exprimer par l'insulte dans le Palais-Bourbon de la IIIe République. On ne peut s'empêcher de penser que les insultes proférées au fil des années ont préparé le terrain pour Vichy : l'État français exauce ce désir d'exclusion de l'autre que traduit l'assaut verbal.

11

La guerre sociale à la Chambre ?
L'insulte au service du parti
(1947)

En 1947, la France émerge à peine de la Seconde Guerre mondiale. La situation rappelle à certains égards celle de l'après-guerre précédent : la pénurie et le rationnement touchent la majorité des Français ; de fortes tensions sociales s'accompagnent de dissensions politiques marquées ; le parti communiste, isolé, affirme sa combativité face à ses adversaires. Mais il y a aussi beaucoup de nouveau : après la mort de la IIIe République et les sombres années de Vichy, une nouvelle République est en rodage ; elle vient de se donner une Constitution et les élections législatives de novembre 1946 ont désigné cinq cent soixante députés ; héritière des déchirements politiques des années 1940-1944, elle est habitée par les fantômes de la Résistance et de la collaboration ; le général de Gaulle, opposé à l'esprit d'une Constitution qui accorde, selon lui, trop de pouvoir au Parlement et aux partis, s'est placé en retrait et il attend son heure ; un parti communiste plus puissant que jamais avec ses cent quatre-vingt-deux députés et apparentés, est très hostile non seulement à la droite et au centre, mais aussi à la SFIO (c'est le socialiste président du Conseil Ramadier qui a évincé le 5 mai ses ministres communistes pour inaugurer une période de Troisième Force) ; les grèves qui secouent le pays rassemblent près de trois millions de personnes à la fin du mois de novembre – davantage encore qu'en juin 1936. De très graves troubles coloniaux secouent l'Indochine et Madagascar. La situation internationale, enfin, est inquiétante : la guerre froide entre un bloc dirigé par les Américains et un bloc dirigé par les Soviétiques commence à l'été 1947 ; le plan Marshall, proposé par les Américains pour la reconstruction des économies dans la sphère occidentale, accepté par la France, soulève l'hostilité marquée du PC, dont le Comité central des 29 et 30 octobre 1947 a réaffirmé les orientations farouchement antiaméricaines ; l'Italie est en situation de crise politique et sociale ouverte ; en Pologne, la conférence de plusieurs partis communistes européens appelle en septembre à la constitution d'un glacis communiste de protection pour l'Union soviétique sur ses frontières occidentales et à des actions dures contre le plan Marshall.

Un débat d'une rare violence s'ouvre le 29 novembre au Palais-Bourbon dans ce contexte de crise, quelques jours après la chute du gouvernement Ramadier et la formation d'un nouveau gouvernement de Troisième Force (SFIO, MRP, radicaux) présidé par Robert Schuman. Il s'achève le 4 décembre. Ces jours et ces nuits sont tissés de discours, scrutins, rappels au règlement, prises de parole inopinées, interruptions brutales, occupations de tribune, scènes de tumulte. Des orateurs se succèdent à la tribune, d'autres les apostrophent de leurs bancs, des altercations parfois violentes s'ensuivent. Les présidents de séance se relaient. La fatigue finit par gagner les députés plus assidus. D'autres vont et viennent. Ces dizaines et dizaines d'heures sont extraordinairement agitées. Lire les quelque deux cent cinquante pages de compte rendu au *Journal officiel*, c'est plonger dans une indescriptible mêlée de mots.

À la Chambre, entre le 29 novembre et le 4 décembre, les députés communistes et les autres ne passent certes pas tout leur temps à s'invectiver. Ils trouvent çà et là quelques terrains d'entente : apprenant la mort de Leclerc, ils votent à l'unanimité qu'il « a bien mérité de la patrie » (29 novembre) ; ils adoptent le 3 décembre un certain nombre de projets de résolutions (« contingent de bicyclettes aux facteurs ») ou de projets de lois

(« enseignement du ski »). Il leur arrive d'argumenter dans le calme, de faire assaut de courtoisie et de savoir-vivre. Pourtant, en règle générale, ces jours-là l'hémicycle est une sorte de ring. Ce qui met le feu aux poudres, c'est le « projet de loi tendant à la protection de la liberté du travail et à la défense de la République », déposé en urgence par le gouvernement. Le président du Conseil Robert Schuman, qui a pris ses fonctions le 24 novembre, et son ministre de l'Intérieur Jules Moch veulent davantage de moyens pour lutter contre les grèves. Lorsqu'il présente les attendus de son projet devant les députés, Schuman précise qu'il espère une adoption avant la fin de la journée du 29. C'est compter sans le parti communiste.

Les mots des communistes (29 novembre - 4 décembre)

Un simple repérage des attaques verbales lancées par les communistes donne l'étonnant résultat que voici. « Vous êtes pire que Badinguet » ; « Vous êtes le gouvernement de la misère et de la matraque ! » ; « Vous tenez le langage de Pétain ! » ; « Vous mentez ! » ; « Vous avez soif de sang ! » ; « Le gouvernement ment » ; « C'est un Boche » ; « Prussien ! Allemand ! » ; « Voilà le Boche ! » ; « Vous êtes un menteur » ; « Impérialistes américains » ; « Assassins de la République » ; « Chiens couchants ! Salauds ! » ; « Fasciste ! » ; « Casque à pointe ! » ; « Projets dignes de

Badinguet et de Charles X » ; « ... et de Bismarck ! » ; « Méthodes surtout dignes des hitlériens et des traîtres de Vichy » ; « Loi boche ! » ; « Machination antinationale de la réaction puissamment aidée par les milliardaires de Wall Street » ; « Lois scélérates [...] beaucoup plus réactionnaires que les ordonnances royales de Charles X » ; « Fascistes ! » ; « Mitrailleurs du peuple » ; « Napoléon le Petit » ; « Sous-Cavaignac » ; « Sous-Badinguet » ; « Vous parlez comme Philippe Henriot » ; « Valet ! » ; « Comme la Gestapo » ; « Briseur de grève » ; « *Heil Hitler !* » ; « Révolutionnaires et socialistes en peau de lapin ! » ; « ... en peau d'Hitler » ; « Insolent ! » ; « Provocateur ! » ; « Noble marquis » ; « Fasciste » ; « Lois scélérates » ; « Napoléon le Nain » ; « Misérables ! » ; « Ministre d'opérette » ; « Vous êtes des lâches ! des lâches ! » ; « Menteurs ! traîtres ! » ; « Faussaire » ; « Lâches ! » ; « Fusilleurs ! » ; « Salauds ! Assassins ! » ; « Vous êtes des traîtres ou des lâches, allez-vous-en ! » ; « Américains » ; « SS » ; « Noske ! Zoergiebel ! » ; « Vous êtes le chef des matraqueurs des femmes, monsieur le ministre, et vous craignez les femmes ! » ; « Pensée hitlérienne » ; « Bandit » ; « Hitlériens ! À Berlin ! » ; « Traître munichois ! » ; « Fusilleur ! » ; Misérable ! » ; « Munichois ! » ; « Fusilleur de la République ! » ; « Lois superscélérates » ; « Provocateur » ; « Gouvernement de faussaires et d'escrocs » ; « Bandits ! Assassins ! » ; « Vichy ! Vichy ! » ; « Républicain en peau de lapin ! », « Similisocialistes » ; « Assassin » ; « Cabotin ! » ; « Valet des Boches ! » ; « Radio Jules-Moch ! Radio Schuman ! » ;

« Dégonflard » ; « Hachette ! Hachette ! » ; « Vous êtes un fasciste ; salaud ! » ; « Vous n'êtes pas seulement prétentieux, vous êtes ridicule ! » ; « Badinguet le Petit ! » ; « Faussaires » ; « Valets de l'Amérique » ; « Hitlérien ! » ; « Fasciste ! » ; « Messieurs du parti américain » ; « Misérable ministre de Rothschild » ; « Misérables ! » ; « Robots » ; « Provocateur » ; « Homme de Washington » ; « Flic » ; « Premier flic de France » ; « Roi des flics » ; « Menteur » ; « Comédien » ; « Tire-bouchon » ; « Menteur comme Moch » ; « Vichy ! Vichy ! » ; « Maréchal, nous voilà ! » ; « Rouffion ! rouffion ! rouffion ! » ; « Infâme canaille » ; « Judas ! Vendu ! » ; « Noske ! Jésuite ! » ; « Idiot » ; « Majorité servile » ; « Faussaire pris la main dans le sac » ; « Vous fouillez dans les poubelles de Philippe Henriot » ; « Affameurs » ; « Fasciste ! Fasciste ! » ; « Inventeur des camps de concentration en France » ; « Provocateur ! Misérable ! » ; « Allez vous coucher, les robots ! » ; « Chercheurs d'aventures sanglantes ! »… Et certains assauts n'ont pas été retranscrits au *Journal officiel*, soit parce que les sténographes ne les ont pas entendus, soit parce qu'ils ont préféré ne pas en rendre compte, soit parce que leurs auteurs ont cru bon d'adoucir leurs propos lors du passage à l'écrit.

Logiques de l'assaut verbal

Un tel déferlement est sans doute chose unique dans l'histoire parlementaire de la France contemporaine. Les insultes résonnent d'entrée et ne prennent fin qu'au petit matin du 4 décembre. Elles sont beaucoup plus structurées qu'elles n'en ont l'air : il y a de l'ordre dans ce désordre.

Parmi tous les députés communistes ou apparentés de la Chambre, un peu plus d'un sur dix monte en première ligne. Ils sont une quinzaine à écoper de sanctions disciplinaires au cours des débats pour leurs excès verbaux. Le critère adopté ici n'est pas infaillible (certaines insultes sont sanctionnées, d'autres pas), mais les noms des députés communistes les plus vindicatifs émergent nettement : la censure avec exclusion temporaire est votée par l'Assemblée contre Raoul Calas, et la censure simple contre Florimond Bonte, Raymond Guyot, Marcel Hamon. En outre, six communistes sont frappés par des rappels à l'ordre avec inscription au procès-verbal (Bastide, Demusois, Giovoni, Lecœur, Ramette, Tillon) et dix par des rappels à l'ordre simples (dont Bonte à quatre reprises, Lecœur à trois reprises, Servin et Villon à deux reprises). Au-delà, le groupe ne cesse d'exprimer collectivement son opposition radicale au projet de loi.

La position communiste est simple : les insultes proférées sont des réponses à des insultes subies. La faute en revient au gouvernement et à la majorité qui le soutient. « Nous sommes insultés » (*passim*) ; « Vous insultez les ouvriers » (Grenier à Schuman) ; « Je demande la censure contre ce ministre qui insulte les ouvriers français ! » (Bonte à propos de Moch) ; « Vous avez insulté les cheminots » (Hamon à Moch) ; « Vous resterez, madame, la présidente [de séance] qui a osé insulter un ouvrier » (Péron à Peyroles). La virulence des communistes augmente lorsque leurs adversaires prennent l'initiative : présentation du projet de loi, proposition de modification de l'article 83 du règlement intérieur de la Chambre pour limiter l'obstruction communiste. Elle augmente aussi lorsque leurs adversaires directs montent à la tribune. Toute intrusion est considérée comme un affront : quand le directeur de la Sûreté nationale prend place au banc des ministres en qualité de commissaire du gouvernement, « l'Assemblée nationale présente un spectacle extraordinaire. Tous les députés sont dressés et s'invectivent réciproquement. Les vociférations surgissent dans tous les coins de l'hémicycle, et le président Herriot, dans son ardeur de vouloir rétablir le silence, en perd ses lunettes », lit-on dans le journal de la SFIO, *Le Populaire* (30 novembre et 1er décembre). Tous les moyens sont bons, affirment les députés communistes, pour faire reculer les assassins de la démocratie.

Les deux cibles principales des communistes sont le président du Conseil Robert Schuman et, surtout, son ministre de l'Intérieur Jules Moch. Le premier est traité de Boche, accusé d'avoir porté l'uniforme allemand pendant la guerre. Le second essuie toutes sortes d'insultes. Ses pratiques sont comparées à celles de Philippe Henriot ou de Joseph Goebbels ; il est le « valet », le « briseur de grève », le « chef des matraqueurs des femmes », le « roi des flics », le « Judas », le « jésuite », le « vendu ». Moch revient sur ces « séances éprouvantes au-delà de ce qu'on imagine » bien des années plus tard, dans *Une si longue vie* (1976) : « Constamment sur la brèche au banc des ministres, je suis abreuvé d'injures par les communistes. » Socialiste, il est en 1947 le traître par excellence ; il a déjà fait preuve d'une extrême fermeté face aux cheminots en grève lorsqu'il était ministre des Travaux publics et des Transports en 1946. Autoritaire et cassant, parfaitement maître de ses dossiers mais orateur médiocre, il est mal à l'aise dans le débat parlementaire (« Aux improvisations, confie-t-il à des journalistes en novembre 1947, je préfère la réponse réfléchie à des questions écrites »). Lui et Schuman incarnent un gouvernement que les communistes détestent dans sa totalité.

Le président Édouard Herriot est accusé de son côté de partialité pendant les débats, mais aussi de lâcheté au moment où il présidait la Chambre des députés qui a accordé les pleins pouvoirs à Philippe Pétain à l'été 1940. « Les injures les plus grossières ont été proférées contre Herriot, note le président de la République

Vincent Auriol dans son *Journal du septennat* à la date du 5 décembre, des menaces même lui ont été faites. » Les vice-présidents qui relaient Herriot sont, eux aussi, très exposés et leur expérience moindre les fragilise : Max Lejeune condamne, scandalisé, les « insultes qui ont déferlé sur [lui] » ; à Fernand Bouxom, les communistes reprochent sa « manière de présider qui n'est pas dans les traditions de cette assemblée ».

Enfin, il y a les dizaines d'attaques *ad personam* contre des députés. Lorsqu'il paraît à la tribune, Édouard Daladier déchaîne la fureur des communistes (« traître munichois ! »). Pierre André est accusé d'avoir spolié des biens juifs et d'être l'*alter ego* de Xavier Vallat, dont le procès en Haute Cour pour collaboration et trahison (les juges sont des parlementaires) s'ouvre justement le 2 décembre 1947. Quant à Eugène Claudius-Petit, il demande à Laurent Casanova, sans succès, de retirer l'insulte qu'il lui a adressée (« fasciste »).

Les députés communistes mobilisent méthodiquement l'histoire de France pour appuyer leurs attaques. Le parti organise à leur intention des formations sur la question. Parmi les conférences du groupe parlementaire prévues le 24 novembre 1947, l'une est confiée à Roger Garaudy, programmée le 2 décembre, et doit porter sur le coup d'État du 2 décembre 1851. L'actualité conduit sans doute à son report. Forts de leur savoir historico-militant, les députés assimilent la politique de leurs adversaires à celle de Charles X, ou de Louis Napoléon Bonaparte, ou d'Adolphe Thiers. Ils établissent des parallèles entre la répression de 1947 et la « Semaine sanglante » de mai 1871, les massacres d'ouvriers à Fourmies (1891) ou à Draveil-Villeneuve-Saint-Georges (1908). Ils s'inscrivent par contraste dans un cycle héroïque : la Révolution française (« Je [ne] descendrai [de la tribune] que par la volonté du peuple ou la force des baïonnettes », prévient André Demusoir après Mirabeau ; « Nous avons de la terre de France à nos souliers, nous ! », s'écrie Arthur Ramette après Danton), la révolution de 1848, la Commune, les combats de Jaurès, la révolte des vignerons du Midi (1907), la grande grève des cheminots (1920), les années de Résistance intérieure et la libération du territoire français en 1944.

Ils reviennent à tout moment sur la Seconde Guerre mondiale. Ils stigmatisent l'« assemblée de laquais » de 1939, dont certains membres siègent à nouveau en 1947. Surtout, ils s'en prennent à l'esprit de collaboration et de trahison, à l'esprit vichyste qui plane selon eux sur la majorité parlementaire. Après avoir évoqué le combat et la mort héroïque de son mari Gabriel, fusillé par les Allemands en décembre 1941, Mathilde Péri ajoute à la tribune : « S'il était là aujourd'hui, il serait insulté et calomnié comme nous le sommes. » De même, les communistes affirment que les discours gouvernementaux sur la responsabilité des étrangers pendant les grèves et les sabotages de l'automne font écho à la chasse aux résistants étrangers par les Allemands, et ils citent à l'appui l'assassinat du groupe Manouchian (1944). La majorité de 1947 devient tout naturellement dans cette perspective un repaire de « fascistes », « Boches », « Prussiens », « casques à pointe », « hitlériens », « SS », héritiers de la répression meurtrière menée par les socialistes de la SPD en janvier 1919 contre les spartakistes (« Noske ! »), puis en 1929 contre les manifestants communistes à Berlin (« Zoergiebel ! ») ou des nazis qui ont incendié le Parlement allemand, le Reichstag, en 1933 et fait peser la responsabilité de cet incendie sur les communistes.

À ces insultes s'en ajoutent d'autres, qui visent davantage la personnalité et le caractère de leurs adversaires. Les attaques portent très régulièrement sur des questions d'honneur. Les accusations de lâcheté et de mensonge reviennent sans cesse, entraînant nombre de rappels à l'ordre. Certains adversaires sont aussi qualifiés de « serviles » ou d'« idiots ». Et puis on rencontre des insultes moins attendues. Il y a « chiens couchants », très prisé par les communistes, attesté depuis le début du XXe siècle puisque la chanson *Les Chiens couchants* circule dans les milieux anarchistes un peu avant la Première Guerre mondiale (« Prosternez-vous devant le maître / Devant Crésus, devant le prêtre, / Vous les soumis, les pleurnichards. / Prosternez-vous, courbez la tête, / Baisez la main qui vous maltraite, /

Prosternez-vous les chiens couchants. ») Quant au mot « robots », qui apparaît dans la langue française au cours des années 1920, il libère progressivement sa charge insultante et déshumanisante dans la nuit du 3 au 4 décembre 1947 : « Vous n'êtes pas des robots », lance Fernand Grenier aux députés au soir du 3 ; « Allez vous coucher, les robots » s'écrie Raymonde Nédelec vers 3 heures du matin le 4. À côté de tout cela, « cabotin ! » ou encore « tire-bouchon ! » (adressé à Jules Moch, qui vient d'annoncer qu'il va mettre un terme à l'occupation des gares) ont un petit air primesautier.

Certaines des insultes proférées en séance ont une caractéristique supplémentaire qui traduit bien l'orientation générale des attaques et les objectifs poursuivis par les communistes. Les limites de la courtoisie parlementaire sont à plusieurs reprises très largement dépassées. Édouard Herriot condamne du perchoir « des injures, empruntées au vocabulaire le plus bas, le plus grossier » ; le mot « salaud(s) ! », qui résonne plusieurs fois dans l'hémicycle, entraîne des réactions indignées ; « Vous déraillez ! » s'exclame brusquement Roger Garaudy lorsque Maurice Viollette commet une erreur de date dans son intervention ; lorsque Villon regrette que Lecœur n'ait pas eu l'occasion de « moucher proprement » ses contradicteurs, Robert Bruyneel s'emporte : « Il est scandaleux d'employer un pareil langage ! » ; à Roger Garaudy, qui compare Jules

Moch à un « faussaire pris la main dans le sac », le président de séance Jules Ramarony, quelque peu dépassé par les événements, suggère d'« employer au moins une paraphrase ». Et Maurice Thorez traite Augustin Laurent de « rouffion », un terme de mépris dans le monde du travail (le rouffion est un petit commis, un débutant dans le commerce, etc.). Le langage familier des députés communistes, qu'il soit spontané ou travaillé, indique le contraste culturel qui les sépare de la majorité bourgeoise. Plusieurs d'entre eux affirment en séance leur identité ouvrière, se disent fiers de parler comme parle le peuple. C'est exactement dans cette perspective qu'Yves Péron s'en prend à Roland de Moustier : « Je suis un ouvrier du bâtiment. Je n'ai rien à envier au noble marquis que vous êtes, monsieur ! » Les communistes invitent par là le mouvement social au Palais-Bourbon : ils œuvrent à ouvrir de nouveaux espaces de contestation, à donner une traduction politique au combat mené hors de l'Assemblée par les grévistes. Cette offensive passe aussi par les mots.

Au-delà de l'insulte

L'insulte n'est pas l'unique arme verbale dont les communistes font usage. Ils couvrent certains de leurs adversaires de ridicule (« À l'école, M. Viollette ! »). Ils en gênent d'autres, selon Jean Durroux, par leurs

« rires sardoniques » ; ils « jouent les pitres » pour gagner du temps d'après *Le Populaire* du 3 décembre. Ils prononcent d'interminables discours. Ils lisent des dizaines de pages de livres. Jacques Duclos a prévenu le 30 novembre : « En Amérique on lit la Bible à la tribune. Nous vous lirons des discours de Jaurès, si vous voulez ! » C'est ce que fait Georges Gosnat dans la nuit du 2 au 3 décembre. Ils contestent, s'indignent, vocifèrent. Ils troublent le silence qui est censé régner pendant les discours et Jules Moch s'élève en séance contre « la dictature du brouhaha ». Ils accusent (« Expliquez-vous, accusé Daladier »). Ils appellent au meurtre (« Schuman au poteau ! »).

Ils chantent. Ils entonnent *La Marseillaise*, *Le Chant du départ* (« La République nous appelle. / Sachons vaincre ou sachons mourir... ») et aussi – et surtout – *Gloire au 17e*, la chanson écrite par Montéhus pour saluer les soldats du 17e régiment d'infanterie qui ont refusé de tirer sur les vignerons révoltés en 1907. Florimond Bonte est le premier à s'y essayer, le 29 novembre : « Salut, salut à vous, / Braves soldats du 17e / Salut, braves pioupious / Chacun vous admire et vous aime [...] » ; les communistes se lèvent et reprennent en chœur. Plus tard, Malleret-Joinville revient sur la fraternisation des soldats du 17e et des vignerons, et les députés de la majorité demandent la censure. Puis Victor Michaut en fait autant. Enfin, le 1er décembre, Raoul Calas dit l'espoir qu'il a au cœur : « Que d'autres [suivent l'exemple du 17ᵉ] dans la voie glorieuse qu'il leur a ainsi tracée. » Alors s'enclenche un processus qui rappelle un peu l'affaire Manuel. Les députés communistes recommencent à entonner *Gloire au 17ᵉ*, des députés du centre et de la droite quittent la salle, le président de séance met aux voix la censure de Raoul Calas avec exclusion temporaire pour provocation à l'insubordination militaire. La sanction est votée. Calas refuse de s'y soumettre et il reste à la tribune, protégé par les autres députés communistes, pendant toute la nuit du 1ᵉʳ au 2 décembre. Un peu avant 6 heures du matin, le colonel Marquant pénètre dans l'hémicycle, fait lecture de la réquisition d'expulsion signée par le président Herriot, s'avance vers la tribune avec la garde de l'Assemblée ; les communistes chantent alors *La Marseillaise* ; Marquant et ses hommes s'immobilisent au garde-à-vous. Les communistes renouvellent l'opération quatre fois de suite. Finalement, Calas est expulsé. Il devient le député martyr des communistes, victime de l'arbitraire, quatre-vingt-seize ans jour pour jour après le coup d'État du 2 décembre 1851. *Le Canard enchaîné* du lendemain présente par l'image « un spectacle de première calasse » avec bordées d'insultes, certaines authentiques, certaines inventées (« Et-toi-peau-d'Américain ») ; « Les Six-Jours, écrit l'un des rédacteurs en référence à la course cycliste, remportent au Palais-Bourbon un succès sans précédent. »

Les communistes perturbent de bien d'autres manières encore la discussion du projet de loi, dans son ensemble puis article par article. Ils excellent dans le claquement de pupitres, ils multiplient les rappels au règlement et les prises de parole pour faits personnels ; ils prolongent indéfiniment leurs interventions respectives en s'interrompant entre eux ; ils demandent des suspensions de séance ou le renvoi des discussions au lendemain ; ils déposent des amendements ; ils utilisent tout le temps imparti – et davantage – pour contester les sanctions qui les frappent ; ils se réunissent à cinquante, comme le veut le règlement, pour demander et obtenir de nombreux et interminables scrutins publics. Ils accaparent la tribune, de sorte que, du perchoir, le président en est souvent réduit à ordonner des suspensions de séance pour les faire taire. Ils agissent de même au sein des commissions où ils ont leurs représentants. Enfin, ils installent le tumulte au Conseil de la République, la Chambre haute qui succède sous la IVe République au Sénat de la IIIe : le 1er décembre, les membres communistes du Conseil profèrent contre Jules Moch des insultes qui n'ont rien à envier à celles qui fusent le même jour à la Chambre des députés : « Provocateur ! », « Menteur ! », « Dictateur ! », « Faux socialiste ! », « Vous suez la peur ! » La censure, sanction rarissime à la Chambre haute, est votée contre Serge Lefranc, questeur communiste de l'Assemblée.

Cette guérilla parlementaire s'inscrit dans une offensive plus vaste encore. « Si je ne peux pas exercer mon activité au sein du Parlement, proclame Raoul Calas, je l'exercerai plus encore à la tête des travailleurs. » Il s'agit de lier combat politique et combat social. C'est pourquoi les députés communistes rendent régulièrement compte en séance de la situation sur le front des grèves, et certains écrivent des articles à chaud dans la presse du parti. Là, *L'Humanité* joue un rôle décisif de relais pour les députés communistes. Dans une édition spéciale du 29 novembre, le journal dénonce en très gros caractères ce que les députés communistes combattent au même moment dans des termes exactement semblables : « Alerte ! Ils veulent assassiner la République ! Un projet de loi plus abject que les ordonnances de Charles X supprime le droit syndical, la liberté individuelle, la liberté de la presse et l'immunité parlementaire. Le parti américain déchire la Constitution. Le coup d'État réactionnaire est machiné pour ce soir à minuit. Travailleurs, démocrates, patriotes ! Vous avez la force d'empêcher ce crime commandé par les exploiteurs et les impérialistes de New York. » En première page, il publie le 1er décembre les premiers vers du *Chant du départ*. Il diffuse au fil des jours les photos des principaux orateurs communistes et loue la vigueur de leurs interventions (le 1er décembre, toujours : « Florimond Bonte, dans un discours historique, stigmatise l'ignoble projet de loi. ») Le 2 décembre, l'organe du parti rapporte que la CGT – à la tête depuis le 28 novembre d'un comité national de grève regroupant vingt fédérations syndicales – dénonce comme les députés les « lois ultrascélérates » du gouvernement. Ainsi les limites entre la Chambre des députés et l'extérieur sont-elles brouillées. Les divers combats convergent. Les communistes importent la guerre sociale dans l'hémicycle, ce dont leurs adversaires sont parfaitement conscients : pour décrire les méthodes des députés communistes, le ministre des Forces armées Pierre-Henri Teitgen (un « ministre d'opérette » selon Bonte) parle en séance de « grève perlée », Robert Lecourt de « sabotage des institutions parlementaires », Guy Petit de « grève sur le tas ». Paul Coste-Floret va plus loin encore : « Vous assassinez le Parlement ! »

Face aux communistes

Le gouvernement et la majorité parlementaire ont les plus grandes peines du monde à trouver la parade contre les attaques communistes. Ils essaient plusieurs méthodes, qui ne donnent pas des résultats probants. Feindre l'indifférence ? C'est le choix de Jules Moch : « J'indique à l'Assemblée, souligne-t-il d'entrée, que je ne répondrai à aucune question, à aucune insulte du groupe communiste. » Édouard Daladier en fait autant et précise : « Je sais être patient. » Pierre July tente de désamorcer les assauts de Grenier : « Vos injures nous honorent. » Mais ce type de réponse ne résiste pas longtemps aux assauts. Préférer l'ironie ou la moquerie ? Certains députés imitent des cris d'animaux lorsque les communistes parlent, au point que l'Assemblée ressemble parfois à « une cour de ferme » (Yves Péron) ; Bertrand Chautard déclenche quelques rires contre « l'ineffable M. Demusois » ; quant à François Mitterrand, le jeune ministre des Anciens combattants et des Victimes de guerre, il intervient à deux reprises avec une ironie mordante, notamment contre Maurice Thorez, tout juste rentré de Moscou. Mais dans tous les cas, la colère des communistes redouble. Dénoncer, alors, la violence adverse ? André Monteil s'en prend au communiste Alain Signor, « ignoble insulteur » qui a prononcé des « injures ignobles » ; Max Lejeune insiste pour que les insultes soient inscrites au procès-verbal afin que « les citoyens de ce pays puissent avoir connaissance de la tenue d'une certaine partie de cette Assemblée » ; un groupe de députés d'Alsace et de Lorraine, dans une déclaration solennelle, stigmatise les insultes communistes contre le président du Conseil. L'objectif est de discréditer à la Chambre et dans l'opinion publique les menées communistes, mais cela n'arrête pas davantage leur élan. Les sanctions disciplinaires n'ont pas non plus d'effet immédiat. La modification du règlement intérieur, enfin, mesure directement dirigée contre les communistes, ne peut avoir de valeur rétroactive et ne peut donc pas s'appliquer au débat en cours.

Il y a aussi la solution de l'insulte en retour. Germaine Peyroles dénonce la « lâcheté » de Florimond Bonte qui s'en offusque bruyamment ; Jules Thiriet traite les communistes de « salauds » et Pierre André rebaptise Lecœur « Tino Rossi » – la mention de l'interprète de *Petit Papa Noël* (1946) a pour objectif de ridiculiser l'adversaire. Au final, seuls trois députés de la majorité sont rappelés à l'ordre : sur le terrain de l'insulte, les communistes sont de loin les plus forts. Et il en est de même au Conseil de la République : l'insulte de Laffargue à Marrane (« Vous intervenez dans ce climat de misère véritable […] comme un marsouin sur un bateau pour profiter des détritus ») fait pâle figure à côté des attaques communistes. Certes, au plus vif des affrontements, certains lancent des contre-attaques directes. L'attitude des communistes au temps du pacte germano-soviétique, entre août 1939 et juin 1941, donne lieu à de très vives querelles d'interprétation, surtout lorsque des lettres compromettantes de dirigeants communistes aux autorités françaises ou allemandes – par exemple lors des négociations secrètes de juin 1940 pour la reparution de *L'Humanité* – sont lues à la tribune. Les invectives fusent également lorsque se pose la question des sabotages, notamment le déraillement provoqué du Paris-Tourcoing, très meurtrier, le 3 décembre. Dans chacune de ses interventions, Jules Moch prononce un « implacable réquisitoire […] contre les saboteurs devant l'Assemblée nationale » (*Le Populaire*, 30 novembre-1er décembre) : le gouvernement y voit la main d'étrangers et laisse entendre que les communistes ont à voir avec ces menées criminelles. Ces propos, tout comme les annonces gouvernementales sur la décrue des grèves, déclenchent des tempêtes. Mais l'obstruction communiste à la Chambre n'empêche pas le gouvernement d'agir avec les moyens dont il dispose. Le ministre de l'Intérieur sévit contre les grévistes, à Paris et en province. La police perquisitionne dans les principaux journaux communistes dès le 29 novembre. Le lendemain, à la radio, le ministre du Travail et de la Sécurité sociale Daniel Mayer déclare que « si la grève se prolongeait après le 1er décembre, elle prendrait un caractère insurrectionnel que le gouvernement ne saurait tolérer ».

Insulte, crise sociale, crise politique

La tension ne retombe pas immédiatement après l'adoption des projets de loi sur la « protection de la liberté du travail » et la « défense de la République ». Pendant la séance du 5 décembre, tandis que trois grévistes ont été tués à Valence, Thorez s'écrie : « Vous êtes un gouvernement d'assassins. Vous avez du sang sur les mains ! » et Jean Pronteau traite Jules Moch de « sanglant polichinelle ». À cette date, pourtant, le rapport de force n'est plus le même que fin novembre. L'extrême vigueur de la lutte gouvernementale contre les grévistes porte ses fruits. Les deux secrétaires généraux de la CGT discutent avec le gouvernement, le communiste Benoît Frachon avec réticence, Léon Jouhaux beaucoup plus volontiers. Il est probable que Maurice Thorez revient de Moscou le 29 novembre avec en poche des instructions claires sur la sortie de crise. Si la situation sociale reste explosive début décembre, le mouvement de grève s'effiloche. *L'Humanité* titre le 10 décembre : « Ce matin 1 500 000 combattants reprennent en bloc le travail au terme d'une grève où se sont affirmés leur courage et leur ténacité. »

« Nous vous aurons à l'usure ! » avait lancé Duclos au gouvernement le 29 novembre de la tribune de la Chambre. Champions incontestés de l'insulte, capables de perturber les débats plusieurs jours de suite et de déstabiliser leurs adversaires, les communistes sont pourtant vaincus. Ils savent que la Chambre des députés est la pièce centrale du régime parlementaire défini par la Constitution de 1946 ; ils savent aussi que, dans le passé, une forte pression exercée sur l'Assemblée a pu déstabiliser un gouvernement (15 mai 1848, avec l'envahissement de la salle des séances par une foule de Parisiens), voire le mettre à bas (6 février 1934). Mais entre la fin novembre et le début décembre, ils ne parviennent pas à installer la lutte sociale dans l'hémicycle. Ils ne désunissent pas la majorité de Troisième Force : le nombre de députés qui votent dans leur sens (environ cent quatre-vingt-quatre) reste stable et correspond presque exactement aux effectifs des communistes et apparentés de la Chambre. Leur contestation ne trouve pas de relais extérieur dans l'hémicycle, ni les échos espérés dans l'opinion publique au-delà des sphères des militants et sympathisants. S'ils avaient comme objectif de faire chuter le gouvernement, les communistes ont échoué. Il n'est pas du tout certain qu'ils l'aient fragilisé ; peut-être même ont-ils renforcé la cohésion de la majorité. Ont-ils prouvé que leur parti est une force incontournable dans la vie politique française ? On peut en douter. Ont-ils réussi à s'imposer comme les seuls défenseurs des ouvriers, l'unique recours contre l'influence des Américains ? Rien n'est moins sûr. S'ils ont retardé le vote des « lois ultrascélérates », ils ne l'ont pas empêché, et les amendements adoptés n'ont pas profondément modifié la teneur du projet initial.

Le Comité central du parti communiste des 22 et 23 décembre 1947 dresse un bilan sévère des grèves de l'année écoulée. Dans une atmosphère empoisonnée par les divergences stratégiques et les luttes d'influence, Maurice Thorez affirme son ascendant, en particulier sur Grenier et Marty. Il dénonce la maladresse de l'édition spéciale de *L'Humanité* le 29 novembre (« Alerte ! Ils veulent assassiner la République ! […] »). Il conteste la stratégie de Benoît Frachon à la tête de la CGT. Le parti s'engage de plus en plus dans des logiques de guerre froide. Les Américains et leurs alliés en France sont plus que jamais des ennemis à abattre. Le parti communiste mène inlassablement son combat dans les années qui suivent. À la Chambre, le point culminant est sans doute la censure avec exclusion temporaire de Gérard Duprat et Arthur Musmeaux le 3 mars 1950, non pour insultes mais parce qu'ils se sont emparés de la tribune sans l'autorisation de l'inusable président Édouard Herriot. Un scénario bien connu se répète : après le vote de la sanction, les deux députés refusent d'obtempérer et c'est le commandant militaire du palais qui les fait évacuer. À l'arrière-plan, les communistes contestent vigoureusement un projet de loi sur la répression du sabotage, une « loi superscélérate » déclare le 7 mars le secrétariat général du PC. L'expression est la reprise pure et simple de celle qui a été forgée en 1947. Elle témoigne de la farouche détermination des communistes français dans les premières années de guerre froide.

Dans les derniers temps de la IVe République, les communistes cessent de mener ce genre d'attaques à la Chambre. Ce sont les députés placés à l'extrême droite de l'hémicycle – les poujadistes, en particulier – qui se montrent les plus virulents lors de séances houleuses qui creusent l'instabilité ministérielle. Le régime est secoué par des crises à répétition jusqu'à l'effondrement final qui survient au printemps 1958 avec l'intensification tragique de la guerre d'Algérie. Appelé par le président de la République René Coty à la tête du gouvernement (29 mai), Charles de Gaulle obtient, quelques jours plus tard, face à une minorité hostile formée par le groupe communiste et une partie de la gauche non communiste, des pouvoirs spéciaux pour résoudre la crise algérienne et élaborer une nouvelle Constitution. C'en est fini de la IVe République et de la toute-puissance de la Chambre.

12

L'IVG, la ministre et la meute

Insulte, mépris et sexisme
(1974)

Après plus de dix ans à la tête de l'État, Charles de Gaulle démissionne aux lendemains du référendum perdu d'avril 1969. Georges Pompidou, victorieux à l'élection présidentielle qui s'ensuit, lui succède : il s'impose facilement au second tour face à Alain Poher, après que le premier tour a signé la défaite des candidats de gauche (le communiste Jacques Duclos a recueilli un peu plus de 20 % des suffrages exprimés et le socialiste Gaston Defferre 5 %). Des années Pompidou (1969-1974) subsiste le souvenir d'une politique internationale et économique active, d'une politique sociale plus hésitante malgré les promesses contenues dans le projet de « nouvelle société » du

Premier ministre Jacques Chaban-Delmas (1969-1972), d'une vie politique intérieure relativement atone. La Chambre, notamment, semble souvent somnoler. La très solide majorité dont dispose le parti qui soutient le président et le gouvernement (l'UDR), à peine écornée après les élections de 1973, explique probablement cet état de choses. Sans doute l'atonie parlementaire tient-elle également à une prééminence marquée du pouvoir exécutif, qui laisse peu d'initiative au pouvoir législatif : la Constitution de 1958 a posé les fondations d'un régime semi-présidentiel, en rupture avec les régimes d'Assemblées de la IIIe et de la IVe République. « Le gouvernement détermine et conduit la politique de la nation » (article 20). Environ 90 % des lois promulguées depuis 1958 sont d'origine gouvernementale, contre environ 30 % entre 1946 et 1958. Les six présidents de commissions législatives permanentes de la Chambre des députés signent en juillet 1971 une déclaration dans laquelle ils déplorent cet asservissement : « Tout se passe, en définitive, comme si les structures technocratiques entendaient cantonner le Parlement dans une simple fonction d'enregistrement en rognant son initiative, son temps de réflexion et, par là, ses possibilités de refléter la volonté nationale. […] Bref, l'institution parlementaire, dans la pratique actuelle, n'est pas en mesure d'exercer la plénitude de sa fonction. » Les six signataires poursuivent : « Le comportement de l'exécutif [à l'égard du Parlement] est toujours inspiré par la crainte, naguère fondée, mais devenue irrationnelle, des débordements du législatif. » L'Assemblée se sent à la fois capable d'exorciser ses vieux démons – l'outrance verbale, entre autres – et bridée dans son action. Dessaisie des grandes décisions, elle ne produit guère de grands débats. Elle s'en tient à des discussions parfois tendues, parfois même agitées, mais les enjeux sont moindres qu'auparavant. Même les débats orageux de la fin 1973, tandis que le gouvernement Messmer tente d'introduire un premier projet de loi libéralisant l'avortement (le projet Taittinger), ne débouchent sur rien de probant puisqu'un renvoi en commission est décidé. Au quotidien de l'action parlementaire le malaise est souvent perceptible. Le socialiste Jean-Pierre Cot déclare ainsi à la tribune le 20 décembre 1973 que le Parlement ne peut se prononcer valablement sur la ratification de la Convention européenne des droits de l'homme : le gouvernement ne communique pas la teneur des réserves que lui inspire la convention. Jean-Pierre Cot a beau proclamer que « le gouvernement a l'obligation juridique de soumettre ces réserves au Parlement », il n'est pas entendu. Le changement de rythme qui s'observe dans le sillage de la mort de Georges Pompidou (en cours de mandat, le 2 avril 1974) n'en est que plus flagrant.

Aux sources du débat de novembre 1974

« Vous serez surpris par l'ampleur et la rapidité du changement », annonce le 17 mai Valéry Giscard d'Estaing, à l'issue de la campagne électorale pour le second tour de l'élection présidentielle de 1974. La déclaration peut sembler d'autant plus paradoxale que ce candidat s'est présenté au premier tour contre une gauche réformiste assez unie, mais aussi contre un Jacques Chaban-Delmas réputé homme du changement. Les mutations promises, précise Valéry Giscard d'Estaing, porteront notamment sur la vie en société et sur les mœurs. Victorieux contre François Mitterrand au second tour de l'élection, il persiste et signe : les maîtres mots de son allocution d'après victoire sont « rajeunissement » et « changement ». Élu par une France plutôt conservatrice (75 % des catholiques pratiquants votent pour lui au second tour), soutenu par une majorité qui reflète les tendances de cet électorat, il sait qu'il s'engage dans une partie difficile pour réformer, par exemple, dans les domaines de l'audiovisuel, de l'âge de la majorité, du divorce… et de l'interruption volontaire de la grossesse.

Les combats pour la libéralisation de l'avortement gagnent justement en intensité depuis le début des années 1970. À la suite du Mouvement français pour le planning familial (1956) et de Mai 1968, le MLF (Mouvement de libération des femmes, 1970), puis le

MLAC (Mouvement pour la libération de l'avortement et de la contraception, 1973) mènent des combats déterminés. Trois cent quarante-trois femmes signent en 1971 un manifeste, baptisé par *Charlie Hebdo* le « manifeste des 343 salopes », dans lequel elles déclarent qu'elles ont déjà avorté. Or la législation n'évolue pas au cours de cette période, alors même que se pratiquent au début des années 1970 des centaines de milliers d'interruptions de grossesse clandestines par an. La loi Neuwirth (1967) autorise la contraception mais sans prise en charge par la Sécurité sociale, et elle n'aborde pas la question de l'avortement. L'échec de la proposition soutenue par le Premier ministre Messmer en 1973 montre les réticences des députés et la France continue de vivre sous le régime d'une loi de 1920 qui pénalise l'avortement. Seule l'IMG (interruption médicale de la grossesse ou avortement thérapeutique) est autorisée, et ce depuis 1955.

Le 23 juillet 1974, le président Giscard d'Estaing déclare aux Français qu'il est temps de revenir sur cette loi de 1920. Après de nombreuses tractations, c'est à Simone Veil, nommée ministre de la Santé dans le gouvernement de Jacques Chirac, qu'il revient de défendre fin novembre au Parlement, au nom du gouvernement, un projet de loi sur l'IVG (interruption volontaire de grossesse). Le terrain est préparé entre septembre et novembre : le gouvernement peut s'appuyer sur les résultats d'un sondage (un tiers des Français admettent l'idée d'une libéralisation) ; une émission télévisée très suivie permet à Simone Veil d'expliquer les enjeux du débat ; le Conseil des ministres apporte son soutien au projet ; la commission des Affaires culturelles, familiales et sociales de l'Assemblée en fait autant. Rien n'assure cependant qu'une majorité se dessinera à la Chambre en faveur du projet de loi : si la gauche n'y semble pas hostile – mais sous conditions –, de forts remous agitent les rangs de la majorité. Le très écouté Michel Debré (UDR), par exemple, ne cache pas son extrême défiance à l'égard du projet. Il est caricaturé par Moisan en « enceinte du Palais-Bourbon » dans *Le Canard enchaîné* du 27 novembre : à la tribune, dénudé, gratifié d'une forte poitrine, il porte les députés dans son immense ventre, et il s'écrie, en écho à « l'État, c'est moi ! » de Louis XIV et au *Ventre législatif* d'Honoré Daumier : « Le ventre législatif, c'est moi ! »

Les insultes faites à Simone Veil : de l'avortoir au crématoire

Le projet de loi est présenté le 26 novembre à l'Assemblée nationale. « Le problème posé est grave, prévient d'entrée Henry Berger, le rapporteur. Il suscite passions et réactions, déchaîne les controverses, pose de naturelles interrogations et continuera sans doute à en poser. » Il ne croit pas si bien dire : même si une partie des débats se déroule dans un calme relatif, les séances des 26, 27 et 28 novembre comptent parmi les plus brutales de ces dernières décennies. Placée au cœur du tourbillon, Simone Veil fait l'objet d'un feu nourri, d'attaques répétées qu'il est utile d'étudier dans leur ensemble car elles forment système. Les adversaires de la loi font flèche de tout bois, sur tous les tons. Voici, par exemple, Jean Foyer qui choisit l'arme de l'humour misogyne contre la ministre et contre la députée Hélène Missoffe : « Je conviens, déclare-t-il le 26 novembre, que ma tâche est rendue difficile par les allocutions qui ont été prononcées par Mme le ministre de la Santé et par Mme Missoffe, de telle sorte qu'après ces deux Antigone – si elles veulent bien me permettre cette comparaison – j'apparais un peu à cette tribune comme Créon. » Le *Journal officiel* enregistre des « sourires » à la suite de cette remarque tout sauf aimable, puisqu'elle vise à placer les deux femmes dans le camp de la passion, et les opposants au projet de loi dans celui de la raison. Pierre Bas joue la même partition. « L'ORTF, toujours si critique pour le gouvernement, fond de tendresse pour vous, madame » (27 novembre). Et Albert Liogier flétrit le 28 novembre les tenantes de l'IVG à l'extérieur de l'hémicycle : « On connaît, mes chers collègues, des manifestations publiques au cours desquelles des femmes ou plutôt des viragos, car elles ne méritent pas le nom de femmes [...] étaient prêtes à donner le triste spectacle de leur propre avortement, pour mieux narguer la loi et démontrer l'impuissance de l'État. »

Mais c'est un mécanisme d'une violence encore plus extrême qui s'enclenche dès le 26 novembre, et dont voici le schéma global, entre avortoirs et crématoires. Premier axe (26 novembre) : les porteurs du projet seraient des assassins d'enfants. « Le temps n'est pas loin en France, prétend Jean Foyer, où nous connaîtrons ces "avortoirs" – ces abattoirs – où s'entassent des cadavres de petits d'hommes » ; et Hector Rolland de renchérir dans une perspective voisine : « Il nous est demandé de participer à une sorte de Saint-Barthélemy où des enfants en puissance de naître seraient quotidiennement sacrifiés. » Deuxième axe (26 novembre) : l'assassinat d'enfants serait la conséquence logique d'une pensée eugéniste et d'une volonté délibérée d'euthanasie. « Vous instaurez un nouveau droit, un droit à l'euthanasie légale » (Alexandre Bolo) ; « Allons-nous admettre le permis légal de tuer ? […] C'est reconnaître progressivement l'eugénisme, puis l'euthanasie » (René Feït). Troisième axe (26 et 27 novembre) : l'eugénisme et l'euthanasie mèneraient droit au nazisme. « Quand on oublie que le droit à la vie est inviolable, on peut, après l'introduction de l'avortement, préconiser des mesures contre les handicapés physiques ou mentaux, contre les "bouches inutiles", contre les incurables, contre les poids morts de la société, et en arriver, chers collègues, au pire racisme nazi » (René Feït le 26, qui fait entendre les battements de cœur d'un fœtus pendant son discours); « Cela ne s'appelle plus du désordre, madame la ministre. Cela ne s'appelle même plus de l'injustice. C'est de la barbarie, organisée et couverte par la loi, comme elle le fut, hélas ! il y a trente ans, par le nazisme en Allemagne » (Jacques Médecin, le 26); « En vérité, personne au monde ne peut s'arroger le droit de supprimer la vie d'un innocent. Ce ne peut être l'État, à moins qu'il ne soit totalitaire comme l'était le IIIe Reich. [...] Qui, désormais, aura le droit de donner les critères fixant l'étendue de ce droit ? L'État ? Alors qu'avons-nous à reprocher aux hommes de l'État national-socialiste sinon d'avoir été, dans ce domaine bien précis, des précurseurs ? » (Rémy Montagne, le 27). Quatrième axe (27 novembre): la pratique de l'IVG équivaut à l'usage des fours crématoires. « On est allé – quelle audace incroyable ! – jusqu'à déclarer tout bonnement qu'un embryon humain était un agresseur. Eh bien ! ces agresseurs, vous accepterez, madame, de les voir, comme cela se passe ailleurs, jetés au four crématoire ou remplir des poubelles » (Jean-Marie Daillet).

Les fauteurs d'insulte

Qui sont les députés qui profèrent de telles insultes, et dans quels univers de référence s'inscrivent-ils ? Simone Veil caractérise elle-même devant l'Assemblée, le 28 novembre, le contexte général du débat. « J'affirme – et lorsque j'affirme on peut me croire – que les publicistes qui ont inondé le Parlement de libelles ignobles, qui ont dressé des emblèmes nazis, qui ont téléphoné au domicile des ministres, déshonorent une cause que je respecte profondément lorsqu'elle est défendue, comme cela a été le plus souvent le cas ici, avec mesure et conviction. (*Applaudissements sur de nombreux bancs des républicains indépendants, des réformateurs, des centristes et démocrates sociaux, de l'UDR, et sur plusieurs bancs des socialistes et radicaux de gauche.*) » L'insulte dépasse effectivement de beaucoup le cadre de l'hémicycle. Elle s'alimente à plusieurs sources. L'anonymat y est souvent de mise, mais des groupes d'action directe peuvent aussi monter au combat : au premier rang d'entre eux, « Laissez-les vivre », qui distribue des tracts avec des photos de fœtus à l'extérieur de l'Assemblée pendant les débats. Né en 1971, « Laissez-les vivre » est dirigé par des médecins et revendique trente mille membres antiavortement. La résolution 19 adoptée au congrès de Versailles du mouvement (16 et 17 novembre 1974) illustre bien sa ligne de conduite : « Le congrès affirme que le pays demande à ses dirigeants, non pas une loi malfaisante qui autorise le meurtre, même avec des amendements, vraie loi de malheur, mais au contraire une législation qui permette à chaque être humain de vivre heureux, une loi de vie pour la

France et pour les Français. » La virulence extrême des propos, qui est aussi celle de l'ordre des médecins, est relayée au quotidien. Voici également quelques extraits d'une lettre adressée le 20 novembre 1974 à Simone Veil par un pharmacien de Nîmes : ici, le président de la République y est désigné comme « votre souteneur » ; là, « cette loi satanique est l'œuvre, madame, d'une Juive ». Une grande partie de la hiérarchie catholique, derrière Mgr Marty, l'archevêque de Paris, combat également le projet de loi de toutes ses forces – même si des voix discordantes se font entendre au sein de l'Église. L'Assemblée est donc ici une chambre d'écho pour diverses formes d'oppositions radicales.

Les députés qui s'expriment avec le plus de violence contre le projet de loi sont en général issus des rangs de l'UDR, le groupe qui domine la droite (près de 60 % du total) ; quelques-uns sont membres de la Fédération nationale des républicains et indépendants, ou du Centre des démocrates, ou du groupe des Réformateurs, centristes et démocrates sociaux. Certains d'entre eux prennent l'ascendant lors des débats. C'est le cas de Jean Foyer, agrégé et professeur de droit, artisan de la Constitution de la Ve République, ministre de la Santé publique dans le gouvernement Messmer (juillet 1972-mars 1973), catholique intransigeant. Il déclare le 13 décembre 1973, lors du débat sur la libéralisation de l'avortement, que cette pratique est un « fléau social ». Il ne cesse de ferrailler fin 1974 contre le projet de loi Veil. Les attaques qu'il lance avec ses collègues sont dirigées à la fois contre le texte et contre celle qui le défend. Simone Veil se rend à leurs yeux coupable d'une intrusion inacceptable dans l'enceinte du Parlement, elle qui n'est pas députée mais magistrate, secrétaire du Conseil supérieur de la magistrature lorsqu'elle a été appelée au ministère de la Santé. Et les deux femmes qui ont rédigé le projet (la juriste Myriam Ezratty, la conseillère d'État Colette Même) ont ce même profil extraparlementaire. Désignée sur la volonté du président de la République – à ce titre, elle trouverait la source de son autorité dans la nomination par un homme et non dans l'élection –, elle fait preuve d'une indépendance d'esprit qui gêne – elle ne se cache pas d'avoir voté pour Jacques Chaban-Delmas au premier tour de l'élection présidentielle. Surtout, elle est femme, et elle représente à ce titre, comme les autres députées d'alors, une menace contre la souveraineté masculine à la Chambre. Ce qui souvent transparaît dans les attaques, c'est un procès en incompétence, donc un profond soupçon d'illégitimité. Simone Veil exerce une parole politique dont le bien fondé est dénié avec une grande brutalité. « Pour [les hommes], confie-t-elle en 1995 à Élizabeth Weissman, la politique représente un code : ils ont la même façon de parler, de vivre ensemble, comme à la chasse. Alors nous les femmes, nous les dérangeons. » Ou encore : « On dit que le monde politique est un monde de prédateurs, c'est vrai. Mais les femmes le sont moins que les hommes. » Quant à la dimension implicitement antisémite de certaines insultes, elle ne fait guère de doute. L'évocation de l'Allemagne nazie ne laisse-t-elle pas entendre que judaïsme et nazisme se font écho en un macabre dialogue, comparaison proprement insupportable pour une ministre rescapée de l'extermination ?

Les ripostes

Les insultes contre Simone Veil, et plus généralement contre les députés favorables au projet de loi, ne sont pas sanctionnées par les présidents de séance qui se succèdent pendant les débats – ils se contentent d'appeler les députés au calme et à la retenue. Ces assauts entraînent en revanche de très vives réactions côté gauche. Quand Albert Liogier parle de « viragos », un député communiste s'écrie : « Vous insultez les femmes ! », des protestations fusent « sur les bancs des socialistes et radicaux de gauche et des communistes », et Gilbert Schwartz s'indigne : « Il n'est pas permis de parler ainsi ! » Liogier persiste, soutient que « pour Satan, contraception et avortement ne sont que deux chapitres du grand et même livre de la sexualité », déclenchant cette fois des rires et des exclamations mêlés. « Comment osez-vous parler d'euthanasie à Mme Veil ? » demande Pierre Bourson à Alexandre Bolo. Des « interruptions sur plusieurs bancs des communistes et des socialistes et radicaux de gauche » se font entendre pendant le discours de René Feït. Au moment où Jean-Marie Daillet s'exprime, on entend des « protestations sur les bancs des socialistes et radicaux de gauche et des communistes et sur divers bancs de l'UDR » tandis que Benoît Macquet apostrophe l'orateur : « Je vous en prie, monsieur Daillet ! » ; « Vous refusez de voir la vérité en face ! » (Jean-Marie Daillet) ; « Un peu de décence ! » (Benoît Macquet) ; « Il est facile d'invoquer la décence ! » (Jean-Marie Daillet) ; « Vous n'avez pas connu cela, alors taisez-vous ! » (Benoît Macquet) ; « Qu'en savez-vous ? » (Jean-Marie Daillet). Dans la suite du débat, d'autres réactions du même ordre sont observables : « Il est choquant, par exemple, d'assister à certaines campagnes qui tendent à assimiler systématiquement à je ne sais quelle résurrection du nazisme toutes les opinions qui ne sont pas celles de certains intégristes », souligne Jacques Soustelle le 27 novembre. Louis Besson fustige pour sa part « certains collègues dont les positions outrancières – et je comprends parfois qu'elles aient pu vous être insoutenables, madame le ministre – témoignent de la facilité qu'il y a à s'ériger en procureur offensé lorsque la nature a définitivement écarté la possibilité de vivre pour soi ce dont on parle si aisément pour les autres » (28 novembre). Jack Ralite dénonce le 28, toujours, « l'odieuse assimilation faite ici hier soir entre l'interruption volontaire de grossesse et le génocide nazi ». Enfin, René La Combe s'adresse à Simone Veil : « Les attaques d'une virulence inadmissible que vous subissez depuis quelques jours [...] m'obligent à monter à cette tribune pour clamer mon indignation. [...] Les gens qui ont proféré ces injures sont évidemment inspirés par la haine. [...] Toute la Résistance française [...] est derrière vous pour vous défendre contre des attaques "hitlériennes" » (28 novembre). La tension qui règne pendant les séances explique que, comme par contamination, des invectives fusent à de nombreuses reprises entre députés. « Il n'y a rien de plus hypocrite que ce que vous dites ! » reproche le 26 novembre Guy Ducoloné à Roger Chinaud qui rétorque qu'« en matière d'hypocrisie vous êtes, certes, maître, monsieur Ducoloné ». Le 27 novembre, Maurice Blanc traite Michel Debré de « jésuite » ; Pierre Joxe présente les opposants au projet de loi comme les « pires [des] réactionnaires ».

La loi

Le projet de loi est mis aux voix en première lecture le 28 novembre après vingt-cinq heures de débat. Sur quatre cent soixante-treize votants, deux cent quatre-vingt-quatre votent pour l'adoption et cent quatre-vingt-neuf contre. Jamais encore une femme n'a joué un rôle si déterminant dans l'histoire parlementaire française. Les commentateurs un peu déboussolés ne savent quel rôle exact lui reconnaître. *Le Monde* du 30 novembre traduit cette gêne en insistant sur deux points : Simone Veil est étrangère à l'Assemblée (« la qualité de non-parlementaire du ministre de la Santé lui facilitait les choses ») ; si le projet de loi qu'elle défendait a été adopté, c'est parce qu'elle a été très efficacement soutenue : « Le vote [...] n'a été acquis [...] que grâce au concours des députés de l'opposition de gauche » ; « Il [*sic*, pour « le ministre de la Santé »] pouvait se prévaloir de l'appui discret mais avéré du chef de l'État. » Pourtant, c'est de nouveau Simone Veil qui se retrouve en première ligne au Sénat, puis à l'Assemblée pour la seconde lecture du projet (19 décembre), avec en face d'elle les mêmes contradicteurs. Jean Foyer dénonce « une terrible régression » et il proclame qu'il fera tout pour éviter que ne s'instaure « une abominable industrie de l'avortement dans ce pays ». La majorité du 28 novembre se confirme néanmoins. Deux cent quatre-vingt-huit députés votent pour l'adoption et cent quatre-vingt-douze contre. En première comme en seconde lecture, la gauche s'engage massivement en faveur du projet de loi tandis que les partis de droite sont partagés : près d'un tiers des députés UDR votent oui. La violence de certains orateurs, qui trahit le malaise de la majorité, incite très certainement un certain nombre de députés de droite, choqués par les insultes qu'ils entendent, à se prononcer en faveur du texte. Mais les plus extrémistes des antiavortement ne désarment pas après le vote du 19 décembre : dès le 20, Jean Foyer dépose avec près de quatre-vingts autres parlementaires (dont Albert Liogier, Alexandre Bolo, Jean-Marie Daillet, Pierre Bas, Jacques Médecin…) un recours en annulation auprès du Conseil constitutionnel ; celui-ci est déclaré non recevable le 15 janvier 1975. La loi du 17 janvier sur l'IVG paraît au *Journal officiel* du 18. L'avortement devient possible dans les dix semaines qui suivent la conception pour toute « femme en état de détresse », ce dont elle est seule juge.

Simone Veil, trente ans après

L'entretien que Simone Veil accorde à la journaliste Annick Cojean et le livre qui en est issu (*Les hommes aussi s'en souviennent*, 2004) permettent de mieux saisir les logiques de l'insulte vue du côté de la cible. Ce que souligne Simone Veil, c'est l'intolérable brutalité des procédés. « Je n'imaginais pas la haine que j'allais susciter, la monstruosité des propos de certains parlementaires, ni leur grossièreté à mon égard. Une grossièreté inimaginable. Un langage de soudards. Car il semble qu'en abordant ce type de sujets, et face à une femme, certains hommes usent spontanément d'un discours empreint de machisme et de vulgarité. » Simone Veil qualifie d'« odieux » les propos de Jacques Médecin et elle confirme que les attaques de Jean-Marie Daillet ont été les plus insupportables de toutes. Elle salue par contraste la dignité des quelques députées d'alors, notamment Hélène Missoffe. Elle se souvient qu'elle a conçu un « immense mépris » pour l'Assemblée plongée dans de telles haines. Elle ajoute que la honte retombe sur les fauteurs d'insultes, idée qu'elle reprend au journal de la mi-journée de France Inter, le 18 novembre 2004 : les propos de ses adversaires étaient « grossiers, dégradants, humiliants pour ceux qui les prononçaient ».

La journaliste aborde une dernière question, à laquelle Simone Veil répond avec beaucoup de détermination trente ans après les faits : « Il existe, lui rappelle Annick Cojean, une image de vous sur les bancs de l'Assemblée, la nuque courbée, le visage près du pupitre et les mains sur les yeux. "Le moment où Simone Veil a craqué", dit souvent la légende de la photo. – Cela accréditait l'idée de la femme fragile…, répond Simone Veil. Eh bien non, je n'ai pas du tout le souvenir d'avoir pleuré. Il devait être 3 heures du matin, mon geste indique que j'étais fatiguée. Mais je ne pleure pas. » Cette mise au point est aux yeux de Simone Veil indispensable puisque les récits sur ses larmes ne tarissent pas, et que la photographie est souvent remobilisée sous cet angle après 1974. « On put voir le ministre de la Santé, insultée grossièrement par un parlementaire de la majorité, pleurant au banc des ministres » écrit par exemple l'historien Jean-Jacques Becker dans une synthèse intitulée *Crises et alternances (1974-2000)* (2002). Or à l'occasion des débats sur la libéralisation de l'avortement, l'image importe tout autant que le texte : image fixe avec Simone Veil au banc des ministres, image mobile avec la retransmission de l'ensemble des débats de novembre à la télévision, en direct – or le nombre de téléviseurs en France est passé de 1,5 million en 1959 à près de 15 millions en 1974. L'histoire de l'insulte passe de plus en plus par ce vecteur dont l'apparente transparence pose en fait les mêmes problèmes que l'écrit : l'image est bien davantage une traduction qu'une expression fidèle ; elle ne dit rien – ou elle peut tout dire – si elle ne fait pas l'objet d'un décryptage. Pour Simone Veil, rappeler au début du XXIe siècle que la victoire de novembre 1974 n'a pas été obtenue au prix des larmes, c'est répéter que les insultes n'ont pas fait mouche ; c'est montrer que les agresseurs ont dû s'incliner face à plus fort(e)s qu'eux.

13

Les trois censures

L'Assemblée malade de l'insulte ?
(1984)

Dans la nuit du 2 au 3 février 1984, l'Assemblée vote la censure contre trois députés de droite, le RPR Jacques Toubon, les UDF Alain Madelin et François d'Aubert, aux termes de l'article 72 du règlement intérieur (la censure s'applique à tout député « qui, dans l'Assemblée, a provoqué une scène tumultueuse »). Les trois députés sanctionnés sont privés pendant un mois de la moitié de leur indemnité parlementaire. C'est une première dans l'histoire parlementaire de la Ve République. Le 4 février, sur la base des informations fournies par le service presse de l'Assemblée nationale, *Le Monde* et *Le Figaro* informent leurs jeunes lecteurs et rafraîchissent la mémoire des plus âgés en publiant une liste de précédents. La dernière censure a été prononcée un tiers de siècle plus tôt (1950) contre Charles Tillon (PC), sanctionné pour s'en être pris au ministre de l'Intérieur Jules Moch. Trois ans auparavant, comme on sait, elle a été votée contre les députés communistes Bonte, Guyot et Hamon. Quant à la censure avec exclusion temporaire, elle n'a touché depuis la fin de la Première Guerre mondiale que quatre députés, une fois encore communistes : Doriot en 1926, Calas en 1947, Duprat et Musmeaux en 1950. Et quatre rappels à l'ordre seulement ont été prononcés par un président de séance sous la Ve République.

Pourquoi cette surprenante réapparition de la censure en 1984 ? Le contexte politique est-il cette année-là particulièrement explosif ? Moins de trois ans après la victoire de la gauche à l'élection présidentielle de mai 1981, le clivage gauche-droite joue certes à plein. La majorité présidentielle (PS, PC, MRG, divers gauches) occupe trois cent trente-trois sièges sur quatre cent quatre-vingt-onze à l'Assemblée nationale, et la droite, très minoritaire, se bat sur tous les fronts. Deux dossiers font l'actualité au cœur de l'hiver : l'avenir de l'école privée (ce sont des semaines de grèves et de manifestations) et le statut de la presse, qui électrise l'Assemblée. Mais l'histoire parlementaire de la Ve République a été fertile en affrontements dont pas un n'a débouché sur la censure. Faut-il alors chercher plus précisément du côté de la teneur des propos qui déterminent la sanction ? Les insultes en question sont-elles particulièrement violentes ? On verra que non. En vérité, ce qui se passe à l'Assemblée début février 1984 ne ressemble que d'assez loin à ce qui a caractérisé jusqu'alors l'histoire de l'insulte aux Chambres.

Les mots qui fâchent

Les raisons qui motivent les partisans de la censure ne sont pas formulées d'emblée par les membres de la majorité. Elles n'émergent que peu à peu dans le débat. Ce qui est sûr, c'est qu'une série d'attaques portées par les trois députés d'opposition contre le président de la République François Mitterrand dans la nuit du 1er au 2 février sont à l'origine directe du conflit. « Et Mitterrand ? » (Jacques Toubon à deux reprises et Alain Madelin, une fois). « Que faisait Mitterrand au lendemain de la guerre ? » (Alain Madelin) ; « Et Mitterrand, où était-il ? » (Alain Madelin). « M. Mitterrand a un passé ! » (François d'Aubert). Les réactions sont extrêmement vives à gauche. « Cessez donc vos insinuations, messieurs ! » s'exclame le communiste Edmond Garcin. Puis vient le tour des socialistes. Raymond Forni, président de la commission des lois, dénonce dans un rappel au règlement les députés qui osent « attaquer certains groupes quant à leur passé et à l'action qu'ils ont pu mener ». Quelques minutes plus tard, il s'en prend de nouveau à ceux qui ont « manié l'insulte et l'injure ». Georges Fillioud, secrétaire d'État auprès du Premier ministre chargé des techniques de communication, intervient dans le même sens un peu plus tard : « J'ai entendu par deux fois dans cet hémicycle prononcer le nom de M. le président de la République française [...] dans une insinuation insultante contre laquelle je proteste et à l'occasion de laquelle je demande, monsieur le président, que l'Assemblée suspende ses travaux et les reprenne demain matin seulement. » Pierre Joxe, qui préside le groupe parlementaire socialiste, prend le relais au matin du 2 à la faveur d'un rappel au règlement : « La nuit dernière des propos injurieux, visant le président de la République, tenus par trois députés de l'opposition créent à nos yeux une situation inacceptable. »

Le bureau de l'Assemblée se réunit en fin d'aprèsmidi du 2 pour délibérer sur le comportement de François d'Aubert, d'Alain Madelin et de Jacques Toubon. Il est composé du président de l'Assemblée nationale – Louis Mermaz –, des six vice-présidents, des trois questeurs et de douze secrétaires. C'est la plus haute autorité collégiale du Palais-Bourbon. Il a entre autres pour mission de régler les incidents de séance majeurs. Il conclut, rapporte du perchoir Louis Mermaz au début de la troisième séance du 2 février, que les trois députés incriminés doivent présenter des excuses, faute de quoi des sanctions seront prises. Tous les trois s'expliquent, conditionnent leurs excuses au retrait par leurs adversaires de certains propos qu'ils considèrent insultants, trouvent l'appui de nombreux autres députés RPR et UDF. Les discussions, très tendues, s'éternisent. Le vote de censure vient trancher la querelle dans la nuit. Censure simple, et non censure avec exclusion temporaire : l'Assemblée fonde sa décision sur l'article 72, et non sur l'article 73, alinéa 5, invoqué pourtant par une partie des orateurs socialistes (la censure avec exclusion temporaire, notamment prononcée contre tout député « qui s'est rendu coupable d'injures, provocations ou menaces envers le président de la République, le Premier ministre, les membres du gouvernement et les Assemblées prévues par la Constitution », entraîne l'interdiction de reparaître à l'Assemblée pendant les quinze jours de séance qui suivent le vote).

Le 3 février, les condamnations continuent de pleuvoir à gauche. Le communiste Guy Ducoloné s'insurge en séance contre l'atteinte faite à l'honneur de François Mitterrand et il prie ses collègues de noter que, pour la première fois dans l'histoire de la Ve République, le passé du plus haut personnage de l'État a été publiquement mis en cause pendant un débat. Le secrétariat national du Parti socialiste, qui se réunit le 3, dénonce dans un communiqué les « propos misérables et scandaleux » des trois députés.

Les insinuations choquent les socialistes et leurs alliés communistes pour plusieurs raisons : Alain

Madelin et Jacques Toubon s'en prennent au président de la République sur un ton extrêmement familier (« Et Mitterrand ? ») ; l'attaque est discourtoise puisque François Mitterrand n'est pas présent pour répondre aux insinuations ; surtout, la référence aux années 1940 rouvre des plaies vives. Mais encore faudrait-il s'entendre sur ce dont il est exactement question. Car l'affrontement semble reposer sur un malentendu, ou sur une ambiguïté.

Les trois députés incriminés dénoncent les activités de François Mitterrand après le conflit. Le « au lendemain de la guerre » d'Alain Madelin est à ce propos tout à fait explicite. Le député UDF le confirme lorsqu'il intervient sur la censure demandée contre lui : il visait implicitement les activités après guerre de François Mitterrand dans l'équipe d'une société de presse affiliée au groupe L'Oréal, dirigé pendant l'Occupation par des collaborateurs notoires. Les communistes et les socialistes comprennent autre chose : selon eux, les insinuations portent sur les années de guerre elles-mêmes. Ils rappellent, indignés, le passé de résistant du président de la République. Pierre de Bénouville (RPR), un ami de longue date de François Mitterrand, monte à la tribune pour réaffirmer leur engagement commun dans la Résistance aux heures sombres. La vérité de l'assaut ne se situe-t-elle pas entre ces deux interprétations concurrentes ? L'allusion au comportement de François Mitterrand après guerre n'affecte-t-elle pas subrepticement, par contamination, son image de résistant à un moment du débat où il est question des années d'Occupation ?

Il n'est en réalité pas très étonnant que la période 1940-1944 rejaillisse en séance. Quarante ans après la fin de l'Occupation et la chute de Vichy, ce passé continue de travailler en profondeur la vie politique française. Juste avant qu'il soit fait référence à François Mitterrand, des députés de droite ont pris à partie les communistes sur le passé de Georges Marchais, et le communiste Edmond Garcin a laissé entendre que les familles politiques de ses contradicteurs de 1984 était peu représentées dans les camps allemands, contrairement aux membres du parti des « 75 000 fusillés ». Et les insinuations contre le président de la République s'entremêlent avec des attaques directes portées à gauche, et notamment par Raymond Forni, contre le patron de presse Robert Hersant.

Dans *Le Syndrome de Vichy* (1990), l'historien Henry Rousso prouve l'actualité, la survivance active du passé de Vichy dans la vie politique française de la seconde moitié du XXe siècle. Il relève cette présence obsessionnelle dans les années 1980, alors même que le champ politique commence à être occupé par des hommes nés pendant la guerre (François d'Aubert, Raymond Forni, Jacques Toubon…) ou après (Alain Madelin…). Au Palais-Bourbon, Robert-André Vivien (RPR) s'écrie « Maréchal nous voilà ! » le 15 septembre 1981 pour stigmatiser un projet présenté par le Premier ministre socialiste Pierre Mauroy – l'emploi de jeunes chômeurs pour la mise en valeur des forêts françaises renverrait, selon l'interrupteur, aux chantiers de jeunesse vichyssois. Absurde sur le plan politique, la référence est instructive sur le plan mémoriel.

Le nombre important des orateurs impliqués dans la querelle ne doit pas masquer que, début février 1984, l'attention est en fait centrée sur un homme. Les attaques contre François Mitterrand ou contre Georges Marchais – « M. Marchais est revenu de chez Messerschmitt ? » demande François d'Aubert – sont pour la droite un moyen de détourner le coup qui vise Robert Hersant. En effet, l'enjeu majeur des séances de décembre 1983-février 1984, c'est le statut de la presse française et donc le pouvoir de ses dirigeants : le projet de loi en discussion vise « à limiter la concentration et à assurer la transparence financière et le pluralisme des entreprises de presse ». Robert Hersant, patron du plus puissant groupe français, propriétaire notamment du *Figaro* et de plusieurs titres de la presse quotidienne régionale, incarne un système auquel la majorité parlementaire a décidé de mettre un terme. Pour ce faire, la gauche rappelle le passé sombre de Robert Hersant : il a été condamné en 1947 à dix ans d'indignité nationale pour faits de collaboration à la tête du mouvement Jeune Front, puis au secrétariat général à la jeunesse et au centre de jeunesse Maréchal-Pétain de Brévannes.

L'ombre de Robert Hersant, l'ombre de Moscou

C'est sous cet éclairage qu'il convient de reprendre le fil des débats, quelques poignées de secondes avant les insinuations des trois députés de droite sur le passé de François Mitterrand. Edmond Garcin, poussé dans ses retranchements par des attaques sur l'attitude du parti communiste entre 1939 et 1941, s'en prend nommément à Robert Hersant.

> « M. Edmond Garcin : Nous n'avons pas de leçon à recevoir de vous, et, sur ce qui s'est passé à l'époque, je réponds très tranquillement. Dans les camps de concentration, de vos amis, il n'y en avait guère, mais des nôtres, il y en avait beaucoup !
>
> M. Jacques Toubon : Comment ! Qu'est-ce que ça veut dire ? C'est la meilleure !
>
> M. Alain Madelin : Ça ne marche pas, ce vieux numéro !
>
> M. Edmond Garcin : Où était M. Hersant ? On pourrait peut-être en parler, puisque cette loi l'intéresse ! (*applaudissements sur les bancs des communistes.*)
>
> M. Jacques Toubon : Et Mitterrand ?
>
> M. Raymond Forni (président de la commission des lois) : Où était M. Hersant, votre patron, monsieur Madelin ? »

Depuis l'ouverture du débat sur la presse à la mi-décembre 1983, le nom de Robert Hersant est sur toutes les lèvres. Dès le premier jour (15 décembre), l'UDF Michel d'Ornano se montre tout à fait clair, même s'il ne cite pas le nom du patron de presse : « C'est une loi socialiste dirigée contre un seul homme, c'est une loi socialiste dirigée contre la presse écrite parce que le socialisme redoute la vérité. » Le Premier ministre Pierre Mauroy reste sur ce terrain lorsqu'il déclare un peu plus tard : « La liberté de la presse ne peut être le privilège réservé aux seules puissances financières. » En fait, l'hostilité de la gauche contre Robert Hersant s'exprime dès avant la fin de l'année 1983. C'est ainsi que, le 25 octobre 1982, des passes d'armes très vives ont opposé le patron du *Figaro* et le journaliste Michel Polac dans l'émission télévisée *Droit de réponse*. Presse, argent et pouvoir composent un cocktail explosif : à travers le groupe Hersant, ce sont tous les patrons de presse liés à la droite qui sont visés. Ainsi s'explique par exemple la colère du député PS Joseph Pinard (24 janvier 1984) contre Marcel Dassault, député, propriétaire de l'hebdomadaire *Jours de France*, auteur quatre ans plus tôt de cette confidence : « J'ai subventionné le RPR. C'est une de mes danseuses » (*Paris Match*, 15 février 1980).

Les deux séances du 24 janvier 1984 sont justement parmi les plus agitées du débat sur la presse. C'est alors que Georges Fillioud dénonce vigoureusement la mauvaise volonté de l'opposition, essuie diverses insultes (« maître chanteur ! », « menteur ! », « dictateur ! », « filou ! », « Charles X ! », « analphabète ! »). Il répond à l'insulte par l'insulte, et qualifie certains de ses contradicteurs de « "législateurs" entre guillemets » et de « "représentants du peuple" entre guillemets ». Ses attaques déclenchent de « très vives protestations » avec « claquements de pupitres » à droite. De nombreux députés UDF et RPR crient : « Démission, démission ! » ; François d'Aubert lance : « "Secrétaire d'État" entre guillemets ! » Sous la pression des députés UDF et RPR, Georges Fillioud finit par retirer ses propos. L'épisode est régulièrement rappelé ensuite par l'opposition : le 27 janvier par Alain Madelin, le 1er février dans *Le Figaro* (« inoubliables guillemets ») et dans la bouche de François d'Aubert en référence à un amendement déposé par les socialistes (« Nous savions déjà que la spécialité du groupe socialiste, c'était la ponctuation. Nous avions eu les guillemets de M. le secrétaire d'État ; maintenant nous avons les deux points-tiret du groupe socialiste »).

Tandis que la majorité présidentielle agite le spectre de la mainmise capitaliste conservatrice sur la presse française, la droite met en garde contre le danger communiste. Elle dénonce la présence au gouvernement de ministres communistes, elle voit la main de Moscou dans les réformes du début du septennat (nationalisations, audiovisuel). Selon elle, l'adoption du projet de loi bâillonnera l'opposition et laissera le champ libre à la presse communiste, notamment à *L'Humanité*, donc à l'URSS de Iouri Andropov. D'où la kyrielle de propos anticommunistes déversés par les orateurs de la droite pendant les débats. Le 1er février, Jacques Toubon dresse un parallèle entre *L'Humanité* et *La Pravda* ; au moment où la censure est votée contre Alain Madelin, Emmanuel Hamel (UDF) dénonce « un procès stalinien » et Robert-André Vivien s'exclame : « Voilà le Soviet suprême ! » Lorsque le tour de François d'Aubert est venu, Emmanuel Hamel dénonce avec vigueur les « hommes de l'oppression totalitaire ».

Ainsi les débats portent-ils, selon un schéma de guerre froide, sur les menaces que les grandes puissances étrangères feraient peser sur l'intégrité de la France. La droite dénonce Moscou, le PC – et des voix au PS – Washington. La presse reste en 1984 le terrain d'affrontement qu'elle n'a pas cessé d'être depuis la Restauration, et le projet de loi fait resurgir dans les interventions des orateurs de nombreuses références : l'oppression exercée contre les journaux de l'opposition sous la monarchie censitaire ; la loi républicaine de 1881 ; le « J'accuse... ! » de Zola dans *L'Aurore* ; la longue histoire de *L'Humanité* depuis les années 1920 ; les relations presse-pouvoir pendant les années de Gaulle.

Les « mousquetaires » et leurs amis

Ce qu'il reste à mesurer plus précisément, c'est le rôle des individus dans la confrontation de début février 1984. Les trois députés censurés tiennent en effet une place originale à l'Assemblée et dans leurs partis respectifs. Âgés tous les trois d'une quarantaine d'années, licenciés en droit, ils se définissent comme d'ardents défenseurs du libéralisme, pourfendeurs du « socialo-communisme ». Ils n'ont pas une très longue expérience des us et coutumes du débat parlementaire puisque François d'Aubert et Alain Madelin siègent depuis 1978, Jacques Toubon depuis 1981. Ils ne savent pas, ou font semblant de ne pas savoir, quelles sont les limites verbales à ne pas dépasser. Ils savent en revanche très bien qu'ils ont intérêt à se faire connaître s'ils veulent jouer un rôle majeur dans la recomposition des droites et le renouvellement de leurs dirigeants au début des années 1980. Ils se distinguent par leur inlassable activité en séance contre la gauche. Orateurs insatiables, ils pourfendent le projet de loi sur la presse. Ils ne répugnent pas à participer aux deux ou trois séances quotidiennes de la session extraordinaire de janvier ; ils sont à leur banc ou à la tribune du matin au soir, et la nuit. Un député PS les surnomme « les trois mousquetaires » le 24 janvier 1984. Deux d'entre eux, Jacques Toubon et Alain Madelin, ont droit à leur portrait dans *Le Figaro*, respectivement le 31 janvier et le 1ᵉʳ février, c'est-à-dire juste avant la crise de début février. Aux dires du *Figaro*, Jacques Toubon est non seulement un très fin connaisseur des dossiers qu'il défend mais aussi un « champion toutes catégories des rappels au règlement et des suspensions de séance » ; il ferraille contre la gauche « avec un ton d'autant plus agaçant qu'il est courtois » ; et gare à eux lorsque ses adversaires le font sortir de ses gonds : « Quand il s'emporte, on le prie avec une politesse feinte "de ne pas traiter ses collègues de noms d'oiseaux". » Alain Madelin, « "mousquetaire" de l'opposition », adore le débat parlementaire : « La bataille politique est pour lui une source de bonheur, sinon comment expliquer qu'il passe tant d'heures dans l'hémicycle, sans se faire d'illusions sur les chances de succès de ses amendements, qu'il dépose en masse dès qu'un sujet le passionne ? » ; quant à l'expérience de l'insulte – et, au-delà, de la violence physique – qu'il a accumulée au cours des années 1960 dans les milieux de l'extrême droite et en particulier à la tête d'Occident, elle est masquée par une évocation extrêmement discrète (Alain Madelin a été un « étudiant en droit plutôt remuant »).

François d'Aubert se trouve légèrement en retrait par rapport à ses deux collègues dans la nuit du 1ᵉʳ au 2 février. Les paroles qu'il prononce (« M. Mitterrand a un passé ! ») tranchent quelque peu avec leurs assauts plus directs. Il sait pourtant se montrer lui aussi très incisif. Plus tôt dans la journée, il a traité le rapporteur du projet de loi Jean-Jack Queyranne d'« obsédé » et de « paranoïaque » et il a porté sur le discours de son adversaire ces propos peu amènes : « C'est du Déroulède ! » ; « C'est du délire ! »

Tous trois savent mobiliser toutes les ressources à leur disposition pour faire obstruction au débat sur la presse. Ils alignent les rappels au règlement, ils déposent des quantités énormes d'amendements qu'ils défendent avec opiniâtreté, ils interrompent régulièrement les orateurs adverses, ils se glissent dans tous les interstices possibles. Les présidents de séance ont le plus grand mal à canaliser leur action. Même la perspective de la censure ne les arrête pas dans leur élan. On serait même tenté de croire qu'ils en font une arme supplémentaire. Le 2 février, ils conviennent bien volontiers qu'ils ne remettent pas en cause le passé de résistant du président Mitterrand, mais ils conditionnent leurs excuses à des excuses symétriques de la part du socialiste Raymond Forni et du communiste Edmond Garcin. En assignant aux députés de gauche le rôle de censeurs, ils mettent en évidence la fragilité des attaques adverses. « Je voudrais rappeler à mes collègues des groupes socialiste et communiste, glisse avec malignité Jacques Toubon le 2 février, qu'il n'est jamais trop tard pour réfléchir aux conséquences et à la nature des décisions que l'on prend. Avant moi et avant mes deux collègues d'Aubert et Madelin, le

24 décembre 1894, Jean Jaurès, messieurs, a été censuré par la Chambre des députés dans les mêmes conditions que celles que vous avez mises en œuvre hier soir. Je tenais, mes chers collègues, à ce que vous le sachiez pour que vous le méditiez. »

Cette image de francs-tireurs héroïques, prêts à se sacrifier pour la cause qu'ils défendent, ne correspond que partiellement à la réalité de leur engagement politique. Le RPR et l'UDF les soutiennent sans désemparer. Selon Alain Billon (PS), aux avant-gardes de l'opposition parlementaire, chevauchent en fait quatre hommes, « les quatre cavaliers de l'Apocalypse ». Il comptabilise à juste titre dans l'équipe Robert-André Vivien, leur aîné (il est né en 1923), le plus provocateur des députés RPR, particulièrement vindicatif pendant le débat. Au-delà, les groupes parlementaires UDF et RPR font bloc. Leurs présidents, qui tiennent en général des propos plus mesurés, appliquent à la lettre la règle de la séparation des rôles. Pour eux aussi la censure simple (elle n'est donc pas accompagnée d'une expulsion temporaire et ne prive pas la droite de ses trois députés de choc) est une aubaine. Lors des votes de censure, les députés UDF et RPR présents demandent à être eux aussi frappés par cette sanction; à l'issue de la réunion du groupe RPR de l'Assemblée dans la journée du 3 février, Claude Labbé déclare : « Nous sommes tous des Jacques Toubon. »

En face les députés de gauche sont plutôt démunis.

Le PS est piégé par la tactique adoptée dans le camp adverse. Ses députés les plus engagés dans la défense du projet de loi, en particulier Raymond Forni et Jean-Jack Queyranne, s'engluent dans une dynamique de surenchère verbale qui rend service à leurs opposants, invective contre invective, insulte contre insulte. Jean-Jack Queyranne, par exemple, dénonce à plusieurs reprises le 1er février les pratiques d'obstruction de la droite. Il crie : « C'est Madelin-bouffon, ce soir ! » Il assimile un dépôt d'amendements de la droite à des pratiques éprouvées « au temps du Dr Goebbels ». Au-delà, en optant pour la répression disciplinaire, les socialistes contribuent à jeter davantage de trouble encore dans des débats pénibles et interminables. Ils sévissent contre des attaques qui ne méritaient sans doute pas la censure tandis qu'ils lancent et reçoivent par ailleurs force assauts qui, un siècle plus tôt, auraient largement suffi à motiver des duels.

« Espèce de député »

Plusieurs députés de droite et de gauche interviennent au cours des séances pour se plaindre du manque de dignité des débats. Le 3 février, le ministre chargé des relations avec le Parlement, André Labarrère, diagnostique une « dégradation de la vie parlementaire ». Au terme de la discussion sur le projet de loi,

Jean-Jack Queyranne déclare que « l'obstruction nourrit l'antiparlementarisme » (13 février). Il est vrai que la médiatisation des séances livre au public un spectacle peu réjouissant. Les images de l'agitation au Palais-Bourbon sont diffusées dans les journaux télévisés, et la présence des caméras en séance n'a pas toujours pour conséquence de contraindre les députés à davantage de retenue. « C'est du show-biz », s'indigne avec fracas Robert-André Vivien lorsqu'il constate qu'une équipe de télévision consacre toute son attention à Georges Fillioud. « Monsieur le secrétaire d'État, la TV est là ! Faites-lui face ! » (13 février).

À l'issue de quarante-cinq séances, c'est-à-dire environ cent soixante-dix heures de débats, le projet de loi est adopté en première lecture par trois cent vingt-huit voix contre cent cinquante-neuf. Près de deux mille six cents amendements ont été déposés au total. Les députés de l'opposition considèrent qu'en montrant leur combativité ils ont enrayé l'élan de la gauche ; au vrai, leur efficacité a été toute relative. La théorie de la mainmise du parti communiste sur l'État, défendue par l'UDF et le RPR, n'a guère convaincu. Des amendements tout à fait farfelus – le communiste Guy Ducoloné parle le 3 février d'amendements « de dérision » –, des déclarations grandiloquentes en séance (« nous sommes tous des Jacques Toubon »), mais aussi, ensuite, le recours fréquent à des noms d'oiseaux font mauvais effet dans l'opinion publique.

Les échos sont donc plutôt défavorables dans les kiosques aux lendemains de la censure. La presse de gauche, en particulier, ne cache pas ses inquiétudes. *Le Matin* titre le 3 février sur le « Tohu-bohu à l'Assemblée » et livre une analyse sans complaisance : « Faut-il en rire ?… voilà des députés réunis pour examiner le projet de loi sur la presse, et qui passent une bonne partie de leur temps à s'insulter ! » Même analyse le lendemain : « Drôle de drame chez les députés » en gros titre ; « Trois députés au piquet » en page quatre. Le même jour, on peut lire dans *Le Monde* que le vote de la censure risque fort de jeter l'opprobre sur la majorité et d'auréoler l'opposition. Quant au *Canard enchaîné*, il propose le 8 février, en dernière page, un dessin d'après Delacroix : « La liberté de langage guidant les représentants du peuple ». Les députés de gauche et de droite s'invectivent devant le Palais-Bourbon : « Et ta sœur, qu'est-ce qu'elle faisait en 1940 ? » ; « cul d'oignon » ; « gros cochon » ; « salope » ; « caca boudin » ; « espèce de député ». La critique la plus aiguë vient peut-être de Simone Veil. Au soir du 3 février, au journal télévisé de TF1, la tête de liste UDF-RPR pour les élections européennes de juin 1984 juge « inquiétant le climat de haine et d'intolérance » qui règne à l'Assemblée, ce qui est une manière à peine voilée de condamner la sanction disciplinaire du 2. Elle ajoute que chacun doit « reprendre son sang-froid et penser à l'image du Parlement, pilier essentiel de la démocratie ».

Le constat s'applique en fait à l'ensemble de la représentation nationale. L'agitation récurrente, les pratiques de l'insulte et de l'anathème ont pour conséquence de brouiller l'image du Palais-Bourbon, dont l'ambiance ressemble par bien des côtés à celle qui peut régner dans un café ou sur un marché un jour de campagne électorale. En outre, le scrutin du 13 février n'est qu'une étape dans un interminable marathon parlementaire : le projet fait quatre navettes entre l'Assemblée et le Sénat ; deux fois, le gouvernement engage sa responsabilité en faisant jouer l'article 49-3 de la Constitution ; après saisine du Conseil constitutionnel, la loi paraît au *Journal officiel* le 24 octobre 1984 ; ses quarante-cinq articles sont abrogés deux ans plus tard, en novembre 1986, au début de la cohabitation entre le président Mitterrand et une majorité parlementaire de droite. Même si la discussion sur le projet de loi est aussi l'occasion d'un intense et passionnant travail parlementaire en séance et en commissions, l'histoire pleine de bruit et de fureur de la loi « visant à limiter la concentration et à assurer la transparence financière et le pluralisme des entreprises de presse » donne la très fâcheuse impression que le parlementarisme tourne à vide.

14

Beaucoup de bruit pour rien ?
Insulte et virilité
(2006)

En fin d'après-midi du mardi 20 juin 2006, divers sites Internet de journaux rendent simultanément compte d'un incident qui s'est produit à 15 h 15 dans l'enceinte de l'Assemblée nationale et que certains ont déjà vu en direct à la télévision sur LCP (La Chaîne parlementaire). Le premier ministre Dominique de Villepin a accusé François Hollande, premier secrétaire du Parti socialiste, de « lâcheté » : « Monsieur Hollande, il est des moments dans la démocratie où l'on ne peut pas dire n'importe quoi. […] Et je dénonce la facilité, et je dirai même en vous regardant, la lâcheté, la lâcheté qu'il y a dans votre attitude », s'est écrié le chef du gouvernement. « Je le redis, la lâcheté […] », a-t-il poursuivi quelques secondes plus tard. Une partie des députés, côté gauche, ont très vivement réagi ; debout, ils ont invectivé le Premier ministre ; certains ont descendu les travées, se rassemblant à proximité des bancs du gouvernement ; d'autres ont pris le chemin de la sortie de l'hémicycle, se sont ravisés, sont revenus. Le tumulte était tel que Dominique de Villepin n'a pas été entendu lorsqu'il s'en est pris ensuite aux « contradictions » contenues dans la question que venait de lui poser le leader socialiste, puis lorsqu'il a accusé l'opposition de n'avoir « jamais cessé de brader le service public » et de n'avoir « jamais été au rendez-vous de la politique de la nation ». Jean-Louis Debré, président de l'Assemblée, n'est pas parvenu à rétablir le calme malgré ses exhortations répétées : « Asseyez-vous ! » (à seize reprises et sur tous les tons), « On se calme, monsieur Emmanuelli », « Monsieur Cambadélis ! », « Monsieur Perruchot ! », etc. On a pu entendre, scandé par les plus déterminés, le cri de « Démission ! » et Jean-Louis Debré, débordé par la situation, a finalement décidé de suspendre la séance.

Il ne reste aujourd'hui plus rien ou presque de ce petit cataclysme parlementaire dont la vidéo a connu pendant quelques jours un franc succès sur le site *Dailymotion*. À une phase de saturation médiatique alimentée par la presse écrite, la radio, la télévision et Internet – un nouveau venu dans l'histoire des noms d'oiseaux en ce début de XXIe siècle – succède en quelques jours le silence. Beaucoup de bruit pour rien ? Mais, dans ce cas, pourquoi une telle dynamique d'insulte ?

Presse et politique après l'insulte

Après l'assaut du Premier ministre, François Hollande fait rapidement savoir par voie de presse que le Parti socialiste exige des excuses et appelle le président de la République Jacques Chirac à « tire[r] les conclusions » de l'attitude de Dominique de Villepin. Puis il est convenu dans une réunion avec la présidence de l'Assemblée nationale que la séance du lendemain débutera par une déclaration du Premier ministre. Dominique de Villepin « a perdu son sang-froid […]. Il a en tout cas perdu l'estime que l'on doit à un Premier ministre », déclare François Hollande aux journalistes massés à la sortie de la réunion. Il poursuit : l'auteur de l'insulte « brutalise le débat public ». À la faveur d'un rappel au règlement, le président du groupe du Parti socialiste à l'Assemblée, Jean-Marc Ayrault, insiste lui aussi, le mardi, pour que le Premier ministre « présente des excuses ». Alain Bocquet, président du groupe communiste, se déclare « en complet désaccord avec le comportement » de Dominique de Villepin, « qui est inacceptable », et il ajoute :

> « Il est temps qu'il parte, il est temps qu'il fasse autre chose parce que quand on est contesté comme il est contesté par le peuple de France, par beaucoup de membres de cette assemblée, il est temps pour la république, pour la démocratie, pour le fonctionnement de cette maison, pour le respect mutuel, que le président de la République prenne ses responsabilités. [...] Il est temps pour la France. Sinon il faut qu'on appelle les Françaises et les Français à se rendre aux urnes pour changer la donne. »

François Bayrou, président de l'UDF, se prononce à la suite de l'incident en faveur d'une réaction présidentielle proportionnée à la gravité de l'insulte. Comme François Hollande, il s'en ouvre aux journalistes :

> « Plus rien ne marche. [...] Les commandes de l'État ne répondent plus. [...] On est dans un moment de décomposition complète. Chacun se demande combien de temps ça va pouvoir durer encore comme ça. Je parle de cette ambiance incroyable dans laquelle on vit, et où plus personne ne se reconnaît. » Et de poursuivre : « À un climat comme ça, il faudrait une décision exceptionnelle, qui est celle d'organiser des élections anticipées, de mettre un terme à cette lente décadence dans laquelle on se trouve. »

Certains députés UMP partisans de Nicolas Sarkozy, notamment Hervé de Charette ou Jean-Paul Anciaux, fustigent eux aussi les propos du chef du gouvernement. Hervé de Charette juge absolument « indispensable » un remaniement gouvernemental, après la « provocation » de Dominique de Villepin. « Le président de la République ne peut pas ne pas constater la situation de crise dans laquelle le Premier ministre l'enfonce. » La pression sur Dominique de Villepin reste forte au matin du mercredi 21 :

« J'ai fait mon devoir d'interpellation parlementaire, le Premier ministre est tombé dans l'insulte, déclare François Hollande sur France Inter. Il produit le CPE, met le pays en conflit pendant trois mois, le retire piteusement et reste au gouvernement. Il y a l'affaire Clearstream et il continue à vouloir diriger le pays. Là, maintenant, il insulte l'opposition et il reste, comme disait Alain Juppé, droit dans ses bottes. »

Dans une intervention à l'Assemblée nationale, Dominique de Villepin indique d'entrée le 21 qu'il souhaite « retirer » ses propos de la veille à l'encontre de François Hollande. « Si certains mots [l']ont blessé », il le regrette. « J'ai dénoncé hier une attitude, en aucun cas je n'ai voulu me livrer à des attaques personnelles que je condamne », déclare-t-il.

L'insulte, le gouvernement et le Premier ministre

L'emploi du mot « lâcheté » du 20 juin 2006 a plusieurs caractéristiques : il témoigne, selon ses adversaires, de l'incapacité du Premier ministre à se contrôler, il scandalise parce qu'il porte atteinte à l'honneur personnel de François Hollande et il fournit un prétexte à ses adversaires pour une attaque beaucoup plus globale. À l'Assemblée et dans la presse, l'accent porte essentiellement sur les logiques de cette attaque. L'épisode de l'insulte vient nourrir au même titre que beaucoup d'autres un discours largement répandu sur la fragilité du gouvernement et de son chef.

À la source directe de la passe d'armes entre François Hollande et Dominique de Villepin, il y a l'affaire EADS. Le coprésident du groupe aéronautique, Noël Forgeard, est soupçonné d'avoir revendu des stock-options en prévision d'une baisse du titre à la Bourse. En demandant à Dominique de Villepin, juste avant l'épisode de l'insulte, s'il persiste à soutenir Noël Forgeard, François Hollande exprime sa défiance vis-à-vis d'un Premier ministre qui aurait « perdu la confiance » des Français comme de sa majorité. « Cette confiance, vous ne la trouverez pas davantage dans les procédures judiciaires que vous intentez contre des journalistes », ajoute-t-il en référence à la plainte pour diffamation lancée contre trois auteurs d'ouvrages sur le scandale Clearstream. « Nous sommes dans le régime de l'irresponsabilité », conclut François Hollande.

Le 20 juin 2006, en outre, le projet de loi sur la fusion Suez-GDF vient d'être rejeté par les députés. Et la crise du CPE (contrat première embauche) est encore dans les mémoires : le gouvernement Villepin a dû abandonner le projet face à la détermination de ses adversaires, à la fois dans le monde étudiant, dans l'opinion publique, dans l'opposition politique. « Les députés de la majorité sont des polytraumatisés », commente Alexis Brézet dans *Le Monde* du 21 mai 2006.

Juin 2006, enfin, c'est un peu moins d'un an avant le premier tour de l'élection présidentielle du printemps 2007, ce qui explique certains des propos de François Hollande après l'insulte (« La majorité peut gouverner jusqu'en 2007 mais pas dans n'importe quelles conditions, et je ne crois pas avec ce Premier ministre »), ce qui explique aussi la discrétion des députés sarkozystes, critiques vis-à-vis du gouvernement, engagés selon la volonté de leur champion dans une stratégie dite de « rupture constructive ». La candidature possible de Dominique de Villepin à l'élection fait de lui un concurrent à combattre pour un parti socialiste incapable de choisir son candidat, pour François Bayrou, et aussi pour une partie de l'UMP.

Si les hommes politiques et les commentateurs professionnels glosent sur l'état de santé du gouvernement Villepin, les commentaires sur la dimension psychologique de la situation d'insulte vont bon train dans des espaces d'intervention politique plus informels. Sur le blog du *Monde* les 21 et 22 juin, les contributeurs anonymes orientent les débats sur les responsabilités respectives des deux adversaires et toutes sortes de jugements se juxtaposent. Critiques contre Dominique de Villepin : « Je trouve inquiétant cet accès de colère haineuse non maîtrisé et qui n'est pas le premier. On peut comprendre les débordements d'un homme soumis à une forte pression mais certainement pas lui confier le pouvoir. Le minimum qu'on attende du "prince" est la maîtrise de soi. Par ailleurs, l'insulte comme la force sont les recours de ceux qui n'ont plus d'argument […]. » Compliments à Dominique de Villepin : « Étonnée et aussi admirative devant l'audace, la franchise, la pugnacité d'un ministre qui encaisse des coups de tous les horizons et qui sait aussi en distribuer ! J'aime assez ceux qui ont le courage de dire les quatre vérités aux socialistes amnésiques et donneurs de leçons ! Et peu importe le style, quand ils sont au pouvoir, eux, leur langage n'exhale pas des parfums de "rose" ! » Critiques contre François Hollande : « Moi je veux bien que l'on m'explique en quoi le mot "lâcheté" est outrageant ou considéré comme une insulte envers le secrétaire général du Parti socialiste. Ce dernier a bien trahi les espoirs du "peuple de gauche". C'est un manque de courage que d'être oublieux à ce point de ce que sont les valeurs de gauche. Les ruptures incessantes du PS envers son histoire sont une lâcheté. » Critiques contre les deux protagonistes (ce sont les plus nombreuses) : « Pour un politique, l'accusation de "lâcheté", je suis désolé, c'est une insulte. Mais attention, il y a des insultes justifiées ! Hollande a utilisé la mauvaise foi, l'amalgame, etc., pour essayer de déstabiliser Villepin, de le décrédibiliser, ça s'appelle de la fourberie, et ça a marché. DDV a pété un câble : il portait le masque de la fureur, on l'a tous constaté. Or s'il y a bien une qualité qui semblait avoir surnagé chez lui au travers de toutes les crises, c'est bien le sang-froid. KO médiatique ! » ; « L'insulte : de la comédie. L'air offensé de l'"insulté", de la comédie. Les excuses, de la comédie. L'air satisfait de l'insulté pendant les excuses, de la comédie, de la convention. Rien de spontané. Tout pour le public » ; « Qu'avons-nous vu hier ? Deux politiciens, l'un ne valant guère mieux que l'autre. L'un est le ministre des ministres, l'autre un politicien sans grande envergure et chef d'un parti de l'opposition. L'un profite que son adversaire est en position de faiblesse pour l'enfoncer un peu plus tout en tenant des propos démagogiques et creux, l'autre à terre enrage, ça se comprend, mais c'est bêbête… Voilà le niveau du débat politique aujourd'hui. Sarko et Jean-Marie attendent au coin du bois… Quel futur. » Un brin de nostalgie désabusée, enfin, perce dans un dernier message : « Ah, ça vous avait quand même une autre gueule du temps des duels… »

Ces jugements véhiculent un ensemble de représentations stéréotypées sur le discours politique (décadence de l'éloquence, comédie du pouvoir, caractère mensonger du langage politique) et contribuent à l'effervescence des lendemains d'insulte. Ils dessinent un large spectre d'interprétations, davantage centrées cette fois sur des personnalités et des caractères que sur des enjeux politiques. Au final, c'est sur le couple lâcheté-courage que l'accent est mis le plus souvent – à croire que ce qui importe, c'est l'affrontement de deux mâles en politique.

Panache, virilité, misogynie

L'usage par le Premier ministre du mot « lâcheté » n'a rien d'étonnant. Dominique de Villepin aime à se montrer combatif. « Le monde, pour lui, se divise entre pleutres et courageux » (Anna Bitton, *Marianne*, 24-30 juin 2006). Comme Nicolas Sarkozy, et après bien d'autres (Napoléon Ier – qu'il admire et à qui il consacre plusieurs livres –, Louis Napoléon Bonaparte, le général Boulanger ou Paul Déroulède), il conçoit l'action politique comme un heurt de volontés et un engagement physique. Il a l'habitude de personnaliser ses interventions dans le débat politique ; peu à l'aise sur les dossiers techniques, il préfère l'envolée lyrique et le coup d'éclat. Le 20 juin 2006, il s'emporte contre la gauche dans des termes hugoliens. « Pourquoi déposez-vous une motion de censure ? Au nom de qui ? Au nom de quoi ? Au nom de la calomnie, au nom du mensonge, au nom de la rumeur. » Il trace des lignes de partage entre lui et les autres, négligeant les oppositions partisanes binaires. Il en appelle à la noblesse des sentiments, il se pose volontiers en défenseur de la vérité contre les hommes du mensonge.

Il est présent le 20 juin à l'Assemblée, au banc des ministres, pour une séance de questions au gouvernement, temps fort dans la vie parlementaire de la Ve République depuis 1974. Les jours de questions au gouvernement, les bancs et les tribunes sont bien garnis, les députés inscrits utilisent les deux minutes trente imparties pour argumenter, mais aussi pour affirmer aux électeurs de leur circonscription la force de leurs convictions et leur courage politique : ils savent que leur auditoire dépasse de beaucoup les limites de l'hémicycle puisque, depuis l'automne 1981, la télévision est là pour retransmettre les débats en direct. C'est pourquoi ces séances sont souvent vivantes, parfois agitées. Dans un tel contexte, l'impulsif Dominique de Villepin n'est pas fâché d'en découdre. C'est ce qu'il fait, d'une voix forte et les mâchoires serrées, contre François Hollande.

Le Premier ministre est un dirigeant viril. À de nombreuses reprises, au fil des années, il explique qu'un homme politique digne de ce nom se doit d'avoir, pour reprendre un terme qui lui est cher et qui fait les délices des journalistes, des « couilles ». La « lâcheté » de François Hollande, qu'il lui reproche le 20 juin « en [le] regardant », traduit selon lui ce manque de virilité qu'il dénonce chez ses adversaires. Ici encore il s'inscrit dans une tradition bien connue, et qui transcende les clivages politiques. C'est dans des logiques tout à fait comparables que Gaston Defferre, député FGDS (Fédération de la gauche démocrate et socialiste), se trouve trois décennies plus tôt à la source du dernier duel politique en date de l'histoire contemporaine. Defferre, qui a déjà affronté et vaincu Paul Bastid en 1947 après l'avoir souffleté, lutte à l'épée en 1967 contre le député de droite René Ribière. Ce duel haut en couleur connaît sur le moment un certain retentissement, ne serait-ce que parce qu'une équipe de télévision l'immortalise. Gaston Defferre a insulté René Ribière en pleine séance le 21 avril (« Taisez-vous, abruti ! »), n'a pas souhaité retirer ses propos malgré les efforts du président de l'Assemblée Jacques Chaban-Delmas, a accepté sans la moindre hésitation le combat singulier proposé par son adversaire – un ex-préfet dont le grand-père, sénateur de l'Yonne, s'est déjà battu en duel vers 1910. Sa très facile victoire contre un bretteur inexpérimenté qu'il blesse légèrement à deux reprises lui permet de fanfaronner (« Oui, il reste un abruti, c'est congénital »), de se moquer d'un collègue d'Assemblée dont il aurait aimé, déclare-t-il, atteindre avec son épée les parties viriles à un moment crucial de son existence (Ribière est sur le point de se marier). L'insulte n'a ici aucune fonction partisane particulière. Elle ne figure pas dans le compte rendu au *Journal officiel* ; Michel Poniatowski qualifie l'épisode de « pitrerie anachronique » (*Paris Jour*, 23 avril).

Au-delà même du cas d'un Dominique de Villepin qui aime à comparer la France à une femme dans l'attente d'un (vrai) homme (et pourquoi pas lui ?), comportement viril égale souvent misogynie. L'histoire parlementaire de la France contemporaine en offre de très nombreux exemples depuis l'entrée des femmes dans l'hémicycle au début de la IVe République, mais aussi auparavant : on se souvient des attaques portées contre Léon Blum, souvent caricaturé en femme dans toute la première moitié du XXe siècle. Les femmes élues à l'Assemblée dans la seconde moitié du XXe siècle et aujourd'hui – Roselyne Bachelot, Michèle Barzach, Édith Cresson, Élisabeth Guigou, Catherine Trautmann, etc. – font souvent l'objet d'attaques sexistes au cours de leur carrière parlementaire, y compris dans leur propre camp. Le long discours très hostile au Pacte civil de solidarité (PACS) que Christine Boutin prononce à la tribune le 3 novembre 1998 est émaillé d'interruptions qui portent moins sur la brutalité extrême de ses attaques – notamment contre les homosexuels – que sur sa condition de femme. Ce jour-là, tandis que les noms d'oiseaux échangés entre députés hommes n'ont pas de connotation sexuelle (« cafteur »,

« bachi-bouzouk », « tartarin », « hypocrite »), Christine Boutin essuie de très nombreuses remarques sexistes, dont quelques-unes seulement figurent telles quelles au *Journal officiel*. Lorsqu'elle cite le rapporteur du projet de loi Jean-Pierre Michel (« Oui, c'est vrai, dit-il, nous touchons à quelque chose de très profond »), des exclamations s'élèvent sur divers bancs, dont on a d'autant moins de mal à deviner la teneur que l'oratrice les commente en ces termes : « Mes chers collègues, faites tout de même preuve d'un peu de sérieux. » Plus tard, Christian Bataille, à gauche, déclare que « Mme Boutin ne pense qu'au sexe. Ça l'obsède », puis renchérit : « Cela faisait longtemps qu'elle n'avait pas parlé de sexe. » Deux députés l'interpellent familièrement par son prénom, le socialiste Albert Facon (« Assez, Christine ! »), l'UMP Jacques Myard (« Vas-y Christine ! »). Quant à Yves Fromion (UMP), il rappelle avec un sourire entendu que « souvent femme varie… ». La misogynie n'est pas le lot commun des députés hommes, mais elle a sa place dans le débat d'Assemblée et elle traduit un malaise à l'égard des femmes. Les querelles récurrentes sur l'article qui convient pour une femme ministre (« le ministre » ? « la ministre » ?) en témoignent.

Le phénomène n'est bien sûr pas limité aux séances d'Assemblée, et il reste d'actualité après 2006. Sur le plateau de TF1, le 2 mai 2007, entre les deux tours de l'élection présidentielle, Nicolas Sarkozy explique à

Ségolène Royal qu'elle a « perdu ses nerfs » quelques instants plus tôt ; face aux dénégations de son adversaire, il lui assène : « Pour être président, il faut être calme. » Il fait jouer contre une adversaire déjà souvent malmenée dans son propre camp le stéréotype de la femme soumise à ses passions, incapable de retenue dans une sphère politique dominée par la raison. Un mois exactement plus tard, en face du Palais-Bourbon, c'est Patrick Devedjian qui traite de « salope » l'ex-députée Anne-Marie Comparini, en son absence mais sans se douter qu'il est filmé par une chaîne de télévision lyonnaise.

Dominique de Villepin, un intrus dans l'hémicycle ?

Si un soupçon d'illégitimité tantôt ouvertement exprimé, tantôt implicite, pèse sur les femmes qui siègent à l'Assemblée nationale, c'est aussi parce que le Palais-Bourbon est un espace de l'entre-soi. Au fil de leur histoire, les Chambres conservent une composition sociale et culturelle homogène. Les évolutions (essor, puis apogée, puis déclin de la proportion d'avocats et d'hommes de loi ; part croissante des cadres supérieurs, ingénieurs ou des chefs d'entreprise, etc.) ne changent rien d'essentiel à cette réalité. Toute intrusion entraîne, selon les cas, le rire, la défiance ou l'hostilité. Sur le versant du rire, le maçon creusois Martin

Nadaud l'apprend à ses dépens à l'Assemblée législative de 1849 : il essuie régulièrement les quolibets de nombreux collègues mis en joie par son accent et par son imparfaite maîtrise des règles de l'éloquence parlementaire. Hier comme aujourd'hui, une voix étrange, un débit inhabituel, une démarche particulière donnent régulièrement lieu à des moqueries, voire à des moments d'« hilarité générale ». Sur le versant de l'hostilité, si les députés communistes sont ceux qui font le plus souvent l'objet de procédures de censure au XXe siècle, c'est à la fois parce qu'ils pratiquent volontiers l'outrance verbale et parce que les autres députés acceptent mal le décalage social, culturel et politique dont ils sont souvent porteurs, et qu'ils revendiquent.

En vérité, c'est un mécanisme d'exclusion comparable qui touche Dominique de Villepin en juin 2006. Il est considéré comme un étranger à l'Assemblée parce qu'il n'a jamais exercé de mandat électif local ou national. Sa carrière de diplomate, d'homme de cabinet et de ministre joue contre lui dans l'hémicycle. Premier ministre aux visées présidentielles, il incarne un pouvoir exécutif qui fait concurrence au Palais-Bourbon. Cette défiance vis-à-vis des représentants de l'exécutif est une constante de l'histoire parlementaire française. Un retour sur les chapitres précédents montre que de nombreux ministres ou présidents se sont retrouvés dans l'œil du cyclone : Michel Goudchaux (1848),

Louis Napoléon Bonaparte (1851), Raymond Poincaré (1922), Léon Blum (1936), Robert Schuman et Jules Moch (1947), Simone Veil (1974) et François Mitterrand (1984). Le style débridé de Dominique de Villepin et ses coups d'éclat augmentent sans doute la gêne d'une Assemblée où les excès de langage sont devenus relativement rares (sauf lorsqu'ils émanent de trublions préposés à cette tâche). Et il n'est pas impossible que la consonance noble de son nom alimente l'irritation de députés sensibles aux hiérarchies symboliques.

Sur un plan extrêmement concret, il faut aussi avoir à l'esprit que les séances de questions au gouvernement placent les ministres dans une situation d'infériorité. Ils sont présents à l'invitation de l'Assemblée et ils doivent se borner à répondre aux questions. Confinés dans un espace réduit, ils ne disposent d'aucune liberté de mouvement : leurs bancs se situent en partie basse de l'hémicycle, et lorsqu'ils prennent la parole toute l'Assemblée les surplombe dans un rapport de force qui leur est défavorable. Ils ne sont pas chez eux au Palais-Bourbon. C'est pourquoi l'agressivité d'un Dominique de Villepin qui répond aux accusations de François Hollande en se faisant à son tour accusateur est vécue par nombre de députés comme un abus de pouvoir. Le Premier ministre sort de son rôle. Il profère une insulte qui n'aurait sans doute pas entraîné des réactions d'une telle virulence si elle était venue d'un député. Son coup d'éclat en séance est un coup de force. S'il prenait en séance l'ascendant sur son contradicteur, il prouverait que la domination effective du pouvoir exécutif sur le pouvoir législatif sous la Ve République s'exerce aussi, suprême insulte, au sein de l'hémicycle. C'est ainsi que le processus qui s'enclenche le 20 juin 2006 livre de précieux renseignements sur les limites de l'équilibre entre les pouvoirs de la République.

CONCLUSION

Eaux calmes

L'insulte reste aujourd'hui l'un des ingrédients de l'affrontement politique. À peu près contemporains du « cass'-toi, alors, pauv'con » de février 2008, il y a non seulement le « salope » prononcé par Patrick Devedjian à propos d'Anne-Marie Comparini (juin 2007), mais aussi le « pauvre type » lancé par Pierre Lellouche à Jean-Luc Mélenchon qui vient de l'accuser d'être « aligné sur les points de vue de la CIA » (avril 2009), le « t'es trop minable » asséné deux fois de suite par Daniel Cohn-Bendit à François Bayrou et la riposte du second – des insinuations sur le caractère « ignoble » d'une partie du passé du premier (juin 2009). Ces trois épisodes ont quelques caractéristiques communes : très médiatisés pendant plusieurs jours par le son et par l'image, ils sortent ensuite rapidement de l'actualité ; ils sont pauvres sur le fond et grossiers dans la forme ;

ils mettent en scène des parlementaires ou d'ex-parlementaires, mais à l'extérieur des Assemblées – en face du bâtiment dans le premier cas, sur des plateaux de télévision dans les deux autres. De fait, l'après-2006 ne fournit pas de matière pour un dernier chapitre sur l'insulte d'hémicycle. Et si les évolutions qui scandent les deux siècles de notre histoire aident à éclairer certaines facettes de cet effacement, le recul manque pour parcourir les eaux calmes de l'insulte parlementaire actuelle. Les pages qui suivent n'ont donc qu'une ambition : restituer son épaisseur au riche substrat dans lequel l'assaut verbal plonge ses racines de manière à proposer quelques interprétations.

Pacification du débat et marginalisation des insultes d'Assemblée ?

Un coup d'œil rétrospectif montre que les changements de fréquence des insultes parlementaires dans le temps n'ont rien de linéaire. Après le bouillonnement des années de Révolution et l'atonie des temps du Consulat et de l'Empire, les décennies de parlementarisme censitaire sont plutôt calmes et les dérapages verbaux peu fréquents. Sous la IIe République, les séances deviennent beaucoup plus tendues et l'Assemblée connaît de nombreuses tempêtes où fusent les noms d'oiseaux. Ensuite, au terme de dix-huit années de Second Empire marquées par le long étouffement du pouvoir législatif, puis par sa réémergence finale, les années 1871-1958 se caractérisent par une recrudescence de la violence verbale. Enfin, depuis un peu plus d'un demi-siècle, la virulence des échanges est en recul. Les gestes se font moins agressifs et les discours moins belliqueux. C'est sans doute le signe d'une tendance plus générale à la marginalisation de la violence politique. On n'atteint plus aujourd'hui son adversaire politique à la pointe de son épée et les noms d'oiseaux ne font plus souvent mouche.

S'il n'est pas simple de prendre l'exacte mesure de ces évolutions, on dispose par chance de quelques indicateurs utiles. Le contraste est par exemple saisissant entre les duels du XIXe siècle – de la mort sur le pré du député Dulong (1834) aux trois balles exigées par Clemenceau pour vider sa querelle avec Déroulède (1892) – et les pseudo-affrontements de ce dernier demi-siècle – de la leçon d'escrime pour rire administrée en 1967 par Gaston Defferre à René Ribière aux déclarations de Pierre Lellouche contre Jean-Luc Mélenchon lors du débat évoqué plus haut (« On serait au XIXe siècle, je vous provoquerais en duel et je vous flinguerais ! »). De même, les garde-fous réglementaires d'hier sont devenus aujourd'hui superflus. La censure avec exclusion temporaire, sanction qui permet d'expulser un député reconnu coupable de mettre en péril le bon fonctionnement des séances, n'est plus appliquée depuis le milieu du XXe siècle. La pratique du rappel à l'ordre, autrefois fréquente, est résiduelle. Il n'y a plus aujourd'hui d'intrus hostile sur les bancs de l'Assemblée. Quant au droit d'interpellation, cette arme verbale qui, à partir des années 1830, permettait aux députés de faire vaciller les gouvernements – et d'en renverser quelques-uns –, il disparaît en même temps que la IVe République. Les actuelles questions au gouvernement n'en sont plus, sur un plan rhétorique et politique, que le pâle reflet.

Dépolitisation des insultes d'Assemblée ?

Deux siècles d'histoire de noms d'oiseaux permettent d'entrevoir tour à tour les diverses fonctions de l'insulte d'hémicycle : déstabiliser, ridiculiser, salir l'interlocuteur, détacher de lui ceux qui pourraient être tentés de le rejoindre, désorganiser son camp ; cimenter une solidarité politique contre l'adversaire commun, resserrer des liens qui s'effilochent, réaffirmer l'existence de camps antagonistes ; perturber un débat, retarder l'adoption d'un texte de loi ; alerter les médias, l'électorat et l'opinion publique, jeter des passerelles entre combat parlementaire et combat extra-parlementaire. Il faut peut-être attribuer le recul actuel de l'insulte parlementaire à un brouillage de ces enjeux. On dirait que les insultes d'aujourd'hui nourrissent en surface les susceptibilités personnelles plutôt qu'elles ne mettent à nu les mécanismes de l'affrontement politique.

Soit, par exemple, l'appellatif « lâche ». Impossible de l'employer impunément en séance dans la première moitié du XIXe siècle : les députés savent que révoquer en doute le courage de leurs adversaires d'Assemblée – leur virilité, aussi, dans une sphère alors exclusivement masculine –, c'est attenter radicalement à leur honneur d'hommes politiques et prendre le risque du duel. « Lâche » se fait moins rare dans l'hémicycle à partir de la IIIe République, lorsque les débats se radicalisent et dégénèrent, en particulier à l'occasion de la crise boulangiste, du scandale de Panamá et de l'affaire Dreyfus. L'extrême violence du mot débouche sur des altercations graves, en séance et ensuite. Il continue d'être employé jusqu'à la IVe République, avivé par la sensibilité des députés vis-à-vis de la question du courage physique à la suite des deux conflits mondiaux. Pourtant, « lâche » a tendance à devenir alors une insulte parmi d'autres, l'un des grains qui composent de longs chapelets d'injures. Il se banalise. Renvoyant de moins en moins à la dimension politique de l'honneur, il se privatise. Et il décline. Il a aujourd'hui quelque chose de pompeux ou de vain s'il surgit au cours d'une altercation politique. Le « courage grégaire » et la « lâcheté individuelle » reprochés par le ministre Éric Besson à ses ex-amis socialistes lors d'un débat à l'Assemblée sur la question de l'identité nationale (8 décembre 2009) sonnent politiquement creux et font peu de remous.

Une trajectoire assez comparable pourrait être décrite pour « menteur », un appellatif beaucoup moins insultant de nos jours qu'à l'époque où la prise de parole était située au cœur de l'action politique et revêtait un caractère quasi sacré. « Il faut quand même faire attention aux termes que l'on utilise », signale mollement, le 7 février 2006, le président de séance à ce même Éric Besson, alors membre du PS, qui vient d'invectiver Dominique de Villepin (« Vous avez le droit d'être libéral, mais ne soyez pas menteur ! »).

Tout cela est-il à mettre en relation avec une tendance à la raréfaction des sujets qui fâchent vraiment ? Sous la IIIe et la IVe République, la légitimité politique des gouvernants est remise en cause à maintes reprises par les minorités d'hémicycle, tandis que des crises gouvernementales ou parlementaires ouvertes se succèdent à un rythme parfois très soutenu. En outre, quelques débats récurrents creusent les clivages et nourrissent les antagonismes : sur les héritages de la Révolution française pendant la Restauration ou la IIe République, sur la signification de la défaite de 1870-1871, sur le sort à réserver à l'Allemagne après la Première Guerre mondiale, sur Vichy après la Seconde. La question religieuse et la question scolaire, souvent liées, sont également des points de cristallisation majeurs aux XIXe et XXe siècles. Qu'on se souvienne simplement du combat mené à la mi-janvier 1850 par Victor Hugo au cours de la grande mêlée parlementaire où il dénonce, avec d'autres, le risque d'une mainmise de l'Église sur l'école. Ses paroles insultantes témoignent d'une résistance politique en acte. Les suppôts du cléricalisme sont, selon ses termes, « les parasites de l'Église », et leur parti « la maladie de l'Église » ; l'esprit clérical, c'est « la nuit faite dans les esprits par l'ombre des soutanes et les génies matés par les bedeaux ». Ses attaques portent (« Vous avez insulté le clergé catholique. C'est infâme ! » ; « Vous avez insulté le culte catholique ! »). La séance est un moment fort de l'histoire parlementaire française contemporaine.

Il n'en va sans doute plus de même au début du XXIe siècle, et il se peut que l'Assemblée d'aujourd'hui n'abrite plus de grands débats sur des enjeux politiques brûlants. Voilà qui pourrait expliquer que les insultes, lorsqu'elles jaillissent encore, ont une charge politique moindre. Les longues séances consacrées au PACS en fin d'année 1998, par exemple, sont ponctuées d'insultes qui volent très bas. Le chercheur Marc Abélès, installé dans les tribunes pendant ce débat, entend le 3 novembre, et retranscrit dans *Un ethnologue à l'Assemblée* (2000), non seulement les expressions évoquées dans notre dernier chapitre, mais aussi quelques autres, absentes du *Journal officiel*, telles ces attaques verbales des socialistes contre le président de séance Arthur Paecht (« président de merde » ; « fasciste » ; « nazi »…), dont on ne contestera pas qu'elles sont politiquement fort pauvres.

Assaillants d'hier, assaillants d'aujourd'hui

Pour affiner cette mise en perspective historique, on peut souligner d'abord que les acteurs de l'insulte parlementaire ont changé de visage. Au seuil du XIXe siècle, les députés qui en profèrent – ou en essuient – sont le plus souvent des spécialistes aguerris du discours. Quelles que soient leurs options politiques, ces grands notables ont des profils sociaux et culturels très comparables. Ils interviennent en séance dans un entre-soi protégé par la barrière du suffrage censitaire. Ils maîtrisent pour la plupart les règles de la rhétorique, ils sont sensibles au prestige de l'éloquence ; à la confrontation brutale, ils préfèrent le trait d'esprit insidieux, la repartie perfide, la passe d'armes à fleurets mouchetés. La charge insultante de leurs propos niche moins dans les mots employés que dans leurs idées sous-jacentes. Parmi eux, les avocats et les hommes de loi exercent un ascendant certain ; ils pratiquent une éloquence de tribune et une éloquence de barreau mêlées. Sous la Restauration et la monarchie de Juillet, ils s'expriment le plus souvent en leur nom propre, à la première personne du singulier.

Ce modèle déjà en place lors des débats à la Constituante et à la Législative (1789-1792), et qui évoque à plus d'un titre le parlementarisme britannique, est concurrencé à partir du milieu du XIXe siècle. Les fauteurs d'insultes se font plus mordants, plus directs dans l'expression. Aux Assemblées constituante et législative de la IIe République, au Corps législatif dans les toutes dernières années du Second Empire, à la Chambre des députés de la IIIe et de la IVe République, des orateurs et surtout des interrupteurs se heurtent de front. Élus du suffrage universel, représentants d'un électorat dont ils reflètent en partie la diversité, ils ont des formations et des manières de faire de la politique plus contrastées qu'auparavant. Les insultes qu'ils font résonner dans l'hémicycle ressemblent à celles qui circulent dans les journaux, dans les rues. Même si l'entre-soi persiste jusqu'à nos jours, l'hémicycle devient plus perméable à la vie politique extraparlementaire.

En parallèle, la pratique de l'insulte concertée se répand au sein des Assemblées. On peut l'observer chez les députés montagnards, « parti du bruit, de la clameur, de la violence » selon le président de séance à l'été 1850, et surtout dans les rangs radicaux, boulangistes, socialistes ou nationalistes dans le dernier tiers du XIXe siècle et au début du XXe. La figure de l'assaillant isolé ne disparaît certes pas, et pas davantage l'éloquence classique – les avocats restent très présents dans l'hémicycle jusqu'au XXᵉ siècle. Néanmoins, la naissance des partis modernes en 1901 et celle de groupes parlementaires reconnus à partir de 1910 dans le règlement de l'Assemblée contribuent à l'accentuation de cette tendance.

Joseph Lasies, un bruyant orateur nationaliste et antisémite sous la IIIᵉ République, est justement à cheval entre un ancien et un nouveau régime de l'insulte. Il est réputé pour la brusquerie de ses attaques : le nom du magistrat Loew « ne sonne pas très bien le français » (1898), Théophile Delcassé a « des joues qui ne rougissent pas sous les soufflets » (1899), l'ex-ministre de la Justice Vallé est un « criminel » (1905), les députés socialistes « excitent, puis au premier mot ils se cachent » (1905). Arborant crânement sur sa photographie officielle de député une paire de moustaches relevées à la verticale, il a dans l'hémicycle des manières d'officier irascible – il était dans l'armée au début des années 1890. Il creuse deux sillons en séance : il adore le duel oratoire singulier, il participe avec le reste du groupe nationaliste à des assauts communs contre le pouvoir en place.

Une nouvelle étape est franchie aux lendemains de la Première Guerre mondiale par les députés du parti communiste. À la tribune ou de leurs bancs, ils partent à l'assaut comme un seul homme, ils coordonnent leurs attaques ; ils passent maîtres dans la technique de l'insulte unitaire qu'ils approfondissent et radicalisent entre le début des années 1920 et la fin des années

1940. Au parti communiste en particulier, dans les partis de combat en général, la discipline militante lisse les nuances individuelles.

Le recul de l'insulte au singulier tient à un autre facteur encore : au cours du XXe siècle, l'activité parlementaire se professionnalise, les missions des députés se font de plus en plus techniques ; une partie importante de leur travail s'effectue dans des commissions parlementaires qui deviennent permanentes à partir de 1902. Moins sensibles à l'éloquence de tribune que leurs devanciers, les députés l'apprennent peu et ils ne la pratiquent guère. Lorsqu'il leur arrive de passer à l'attaque en séance, ils se coulent plus qu'auparavant dans l'élan de l'invective collective au milieu du brouhaha ou du tumulte.

Et aujourd'hui ? Des assauts ponctuels, souvent mal contrôlés, pas toujours audibles d'ailleurs, jaillissent parfois pour interrompre quelques instants le cours des séances. Les paroles les plus vindicatives ou les plus vulgaires font l'objet d'une réprobation générale. Pour assurer le calme des débats, le bureau de l'Assemblée fait savoir début février 2010 qu'il songe à une modification des règles de conduite d'assemblée. Placés sous l'œil de leur parti et de leur électorat, attentifs à donner une image policée d'eux-mêmes, les députés hésitent presque toujours sur le seuil de l'insulte ; ils s'autocensurent. Aussi Dominique de Villepin semble-t-il jaillir tout armé d'un autre siècle lorsqu'il s'attaque à François Hollande en juin 2006, tel un activiste bonapartiste des débuts de la IIIe République. À tout prendre, les parlementaires et les médias lui préfèrent des amuseurs publics moins anachroniques adeptes du bon mot mais peu aptes au mot d'esprit, et qui mordent peu ou mal. Souriant d'un air satisfait à ses saillies, auréolé d'une réputation d'humoriste, André Santini en est un bon exemple au tournant du XXe et du XXIe siècle.

Abaissement de l'Assemblée ?

La relative atonie actuelle des débats renvoie en outre à la réduction du périmètre d'action de l'Assemblée depuis 1958, à un profond changement d'équilibre entre pouvoir législatif et pouvoir exécutif. De la Restauration et la IVe République – à l'exception bien sûr des années où Napoléon III puis Philippe Pétain dirigent un exécutif dominateur –, les Chambres se trouvent au centre du dispositif institutionnel et le processus de décision politique passe par elles. Si les présidents du Conseil et les ministres sont alors des cibles de choix, c'est qu'en les insultant les députés les plus hostiles affirment à peu de frais l'autorité parlementaire. La présidentialisation du régime par les institutions de la Ve République marque un tournant dans l'histoire de l'insulte parce que l'assaut verbal perd une partie de son sens lorsqu'il ne trouve pas de traduction politique forte. Selon toutes les apparences, le leader du Front national, Jean-Marie Le Pen, en tire les conclusions à la fin des années 1980. Entre mars 1986 et juin 1988, c'est-à-dire pendant la période de vingt-sept mois où il est député de Paris, cet adepte de l'insulte soulève à deux reprises une vague de protestations indignées. D'abord en mai 1987, à propos des malades du sida (en vérité ceux d'entre eux qui sont homosexuels ou toxicomanes) : « Le sidaïque […] est contagieux par sa transpiration, ses larmes, sa salive, son contact. C'est une espèce de lépreux, si vous voulez. » Ensuite en septembre 1987, à propos du génocide des Juifs pendant la Seconde Guerre mondiale. « Je ne dis pas que les chambres à gaz n'ont pas existé […] mais je crois que c'est un point de détail de l'histoire de la Seconde Guerre mondiale. » Mais il vaut la peine de rappeler d'où il parle, quelles sont ses tribunes de prédilection au cours de ces deux années. Il emploie « sidaïque » à la télévision (Antenne 2, *L'Heure de vérité*, 6 mai 1987) et « point de détail » à la radio (RTL-*Le Monde*, *Le Grand Jury*, 13 septembre 1987). Il estime visiblement inutile de faire entendre dans l'hémicycle des propos politiques qui ne s'adressent même pas aux représentants de la nation. Sa voix résonne rarement en séance entre 1986 et 1988 alors qu'il dirige un groupe fort de trente-cinq députés – trente-deux Front national et trois apparentés. Or il n'a pas toujours négligé l'arène parlementaire. Lors de sa première expérience de député

(1956-1962), il s'est montré particulièrement offensif : peu après son élection, il a fait interrompre un vote d'invalidation en se précipitant à la tribune pour se saisir de l'urne, déclenchant une bagarre générale ; le 15 février 1958, il a prononcé des paroles extrêmement injurieuses contre Pierre Mendès France : « Vous n'ignorez pas que vous cristallisez sur votre personne un certain nombre de répulsions patriotiques et presque physiques. » S'il choisit, à la fin des années 1980, d'autres espaces d'expression que l'Assemblée, c'est probablement, entre autres, parce qu'il sent que l'hémicycle et les députés n'occupent plus alors cette position centrale qui était auparavant la leur.

La modification des équilibres continue de s'accentuer depuis l'élection de Nicolas Sarkozy à la présidence de la République. Le 11 juin 2009, en vertu de la révision constitutionnelle de l'été 2008, le président convoque par décret le Parlement en congrès à Versailles. Sa déclaration solennelle dans l'enceinte parlementaire puis son absence lors du débat sans vote qui s'ensuit irritent une partie des députés qui s'estiment humiliés par cette intrusion. « J'ai conscience, déclare Nicolas Sarkozy à l'ouverture du congrès (22 juin), d'inaugurer un changement profond dans notre tradition républicaine. Depuis 1875, le chef de l'État n'avait pas le droit de venir parler devant les Assemblées. Il ne pouvait communiquer avec elles que par des messages écrits qu'on lisait à sa place. » Il ajoute que le temps est venu de changer les règles puisque la République « se sentait fragile et menacée » en 1875, tandis que les temps présents sont ceux de la « démocratie apaisée » – mais, a-t-on envie d'ajouter, ceux aussi où les pouvoirs du Parlement ont tendance à se réduire comme peau de chagrin.

De nouveaux lieux pour l'insulte en politique ?

L'extrême attention accordée aux médias par la majorité des hommes politiques est l'un des symptômes d'un autre glissement, sensible celui-là bien avant la Ve République, mais accentué au cours de ces dernières décennies. Au début du XIXe siècle, la presse est en position subalterne par rapport à l'hémicycle : le texte des débats d'Assemblée paraît au *Moniteur universel*, d'autres journaux en publient des extraits ou les commentent, et voilà tout. Les premiers signes d'évolution apparaissent dès la monarchie de Juillet. En 1836, Louis de Cormenin dénonce dans *Le Livre des orateurs*, en forçant à l'époque quelque peu le trait, le rôle nouveau des journaux : « Du point de vue des fictions constitutionnelles, la presse n'est pas même un pouvoir. Du point de vue de la vérité vraie, la presse est le premier des pouvoirs. » On peut mesurer ensuite l'ascension des périodiques dans la diffusion mais aussi dans la construction de l'assaut verbal. La presse écrite de masse est l'une des principales actrices de l'affaire Dreyfus ; en 1922, Paul Vaillant-Couturier trouve son « Poincaré-la-Guerre » dans les colonnes de *L'Humanité* ; en 1936, Léon Blum est insulté par le texte et par l'image dans des dizaines de journaux avant de l'être à la tribune ; en 1984, les portraits d'Alain Madelin et de Jacques Toubon dans *Le Figaro* semblent préfigurer leur coup d'éclat lors d'un débat qui porte justement sur la presse.

S'il est beaucoup trop tôt pour dire ce que, dans le sillage des transformations induites par la télévision, Internet peut changer durablement à la nature de la relation politique, on ne peut manquer de noter que la parole parlementaire en particulier et la parole politique en général sont dispersées à tous les vents, instantanément ou presque, sur une multitude de sites très friands d'insultes. La vidéo en ligne fait sauter des verrous classiques. Il n'est plus possible de s'adonner, dans l'après-coup de la profération, au travail de lissage des sténographes d'autrefois. Mots et images sont là, livrés à la curiosité universelle, consultables à loisir.

Au-delà du frémissement de l'actualité, il faudrait aussi comprendre plus en profondeur ce qui explique sur le terrain parlementaire et ailleurs les changements de logique et de géographie de l'insulte. L'unité de lieu adoptée pour ce livre (la salle des séances) a garanti de l'éparpillement auquel une recherche tous azimuts aurait conduit. Mais l'étude des noms d'oiseaux d'hémicycle et de leur actuel recul gagnerait à être menée de pair avec d'autres explorations systématiques. La salle de séance est la pièce la plus visible d'un espace parlementaire beaucoup plus étendu : les querelles pouvaient, et peuvent encore, sécréter des insultes en commission, dans les couloirs, à la buvette, dans les cafés et les restaurants alentour, et au-delà. Cette étude serait à mettre en relation avec une histoire des noms d'oiseaux à la Chambre haute, dans ce Sénat (ou Conseil de la République sous la IVe) considéré en général comme une instance feutrée où règnent la mesure et la courtoisie (mais on a vu dans le chapitre centré sur 1947 que cette idée commune mérite examen). Il faudrait prêter l'oreille aux insultes dans les salles de séances de conseils régionaux, de conseils généraux, de communautés de communes, de communes. Au-delà, les assemblées délibératives ne sont pas imperméables aux tensions politiques qui circulent autour d'elles : campagnes électorales et grands débats de société, manifestations monstres, émissions politiques ou parapolitiques, meetings ou discussions d'arrière-salle sont autant de terrains propices aux insultes. Et le monde où elles résonnent englobe aussi, par exemple, le cadre professionnel, le cadre éducatif, le cadre familial (le « dîner de famille » tournant au pugilat dessiné par le caricaturiste Caran d'Ache au plus fort de l'affaire Dreyfus en évoque beaucoup d'autres).

Enfin, et pour en revenir une dernière fois aux assemblées délibératives, on trouverait sans aucun doute profit à traquer les insultes d'hier et d'aujourd'hui à la Chambre des communes, au Bundestag, à la Chambre des représentants, à la Douma, dans diverses Diètes ou Cortes du monde actuel.

Au final, l'évolution de l'atmosphère en séance et l'érosion de la « langue mordante » des siècles passés sont-elles plutôt un bien ou un mal ? Certes, l'insulte n'est qu'une modalité du combat politique parmi d'autres ; elle n'implique qu'une minorité d'individus, à certains moments seulement. En d'autres termes, il faut se méfier de l'effet de grossissement dû à la sélection d'une douzaine d'épisodes troublés et éviter de généraliser, d'autant que l'histoire des noms d'oiseaux ne lève qu'un petit coin du voile de la relation politique. Envers de l'histoire parlementaire contemporaine, l'insulte invite néanmoins à la réflexion. Si l'on considère, en effet, qu'elle fait obstacle au débat démocratique parce qu'elle mine l'argumentation raisonnée et porte atteinte à l'honneur, son effacement ne marque-t-il pas un progrès dans les mœurs politiques ? Si l'on estime plutôt qu'elle permet d'exprimer dans des limites tolérables le salutaire conflit des opinions, et qu'elle dispense le plus souvent d'en venir aux mains, on peut conclure qu'elle manque.

Remerciements

Merci, surtout, à Véronique de Bure. Merci aussi à Christian Beuvain, Annie Bleton-Ruget, Benoît Caritey, Jean-Claude Caron, Vincent Chambarlhac, Gaëlle Charcosset, Caroline Facq-Mellet, Stéphane Gacon, Claire Oger, Xavier Vigna et Jean Vigreux pour leurs relectures et leurs conseils si avisés.

Sources

Sauf indication contraire, les citations d'extraits de séances proviennent des comptes rendus publiés dans *Le Moniteur universel*, puis au *Journal officiel*. Certains comptes rendus de séances peuvent être lus en ligne sur le site Internet de l'Assemblée nationale. Des extraits significatifs de séances sont également reproduits dans Michel Mopin, *Les Grands Débats parlementaires de 1875 à nos jours*, Paris, La Documentation française, 1988, ou dans les volumes de la série *Les Grands Discours parlementaires*, Paris, Colin, depuis 2004.

Quelques dizaines de titres de la presse locale, nationale ou étrangère sont mis à contribution au fil des chapitres. Certains d'entre eux sont accessibles sur Gallica-2, le site Internet de la Bibliothèque nationale de France. La Bibliothèque publique d'information du centre Georges

Pompidou en met également un bon nombre à disposition sous forme de microfilm.

Outre la presse, le corpus des sources comprend notamment des textes imprimés (témoignages, mémoires, étude) et des images (gravures, peintures, photographies, vidéos).

BIBLIOGRAPHIE

À l'origine de *Noms d'oiseaux*, il y a le travail collectif d'une équipe de recherche basée à l'université de Bourgogne, l'UMR uB-CNRS 5605. Les résultats de ces recherches figurent sur un site Internet (http://www.u-bourgogne.fr/insulteenpolitique/), et dans un livre : *L'Insulte (en) politique, Europe et Amérique latine du XIXe siècle à nos jours* (sous la direction de Th. Bouchet, M. Leggett, G. Verdo et J. Vigreux, Dijon, EUD, 2005). Plusieurs études publiées sur le site (Caroline Facq-Mellet, « L'offense verbale dans les questions au gouvernement, 1998-1999 ») et dans le livre (Christian Beuvain, « Des "potentats du dollar" aux "croisés de la peste". Les Américains, figure du mal dans la presse communiste française des années 1950 » ; Annie Bleton-Ruget, « "À bas les ruraux !" Polémique et politique autour de la représentation nationale en France, février 1871-juillet 1871 » ; Jean Vigreux, « Travestir Léon Blum ») ont très directement nourri certains chapitres.

Une liste complète des ouvrages et articles consultés pour préparer ce livre serait longue. Voici, dans l'ordre alphabétique, quelques titres particulièrement suggestifs, utiles pour tel ou tel chapitre, ou pour une période en particulier, ou en général :

ABÉLÈS Marc, *Un ethnologue à l'Assemblée*, Paris, Odile Jacob, 2000.
ANGENOT Marc, *La Parole pamphlétaire. Typologie des discours modernes*, Paris, Payot, 1982.
BERNARD Mathias, « Le Pen, un provocateur en politique (1984-2002) », *Vingtième siècle*, n° 93, janv.-mars 2007.
BRAUD Philippe, *Violences politiques*, Paris, Le Seuil, 2004.
BRUTTMANN Tal et JOLY Laurent, *La France antijuive de 1936. L'agression de Léon Blum à la Chambre des députés*, Sainte-Marguerite-sur-Mer, Éditions des Équateurs, 2006.
CARON Jean-Claude, « Les mots qui tuent. Le meurtre parlementaire de Manuel (1823) », en ligne sur le site de l'Association française de science politique, GRPP.
DELPORTE Christian, « Léon Blum dans la caricature », *Cahiers Léon Blum*, n° 30, 1992.
DUROSELLE Jean-Baptiste, *Clemenceau*, Paris, Fayard, 2007.
FAYAT Hervé, « Bien se tenir à la Chambre. L'invention de la discipline parlementaire », *Cahiers Jean Jaurès*, n° 153, juil.-sept. 1999.

GARRIGUES Jean (dir.), *Histoire du Parlement de 1789 à nos jours*, Paris, Colin, 2007.

GUILLET François, *La Mort en face. Histoire du duel de la Révolution à nos jours*, Paris, Aubier, 2008.

GUISLIN Jean-Marc, « Parlementarisme et violence rhétorique dans les années 1870 », *Revue du Nord*, 236-237, juil.-déc. 1998.

HAROCHE Claudine, « Retenue dans les mœurs et maîtrise de la violence politique. La thèse de Norbert Elias », dans BRAUD Philippe (dir.), *La Violence politique dans les démocraties européennes occidentales*, Paris, L'Harmattan, 1993.

HEURTIN Jean-Philippe, *L'Espace public parlementaire. Essai sur les raisons du législateur*, Paris, PUF, 1999.

HUARD Raymond, « "Rural". La promotion d'une épithète et sa signification politique et sociale, des années 1860 aux lendemains de la Commune », *Revue d'histoire moderne et contemporaine*, tome 45, n° 4, octobre-décembre 1998.

JOLY Laurent, *Déroulède, l'inventeur du nationalisme*, Paris, Perrin, 1998.

JOLY Laurent, *Xavier Vallat (1891-1972)*, Paris, Grasset, 2001.

LAGORGETTE Dominique et LARRIVÉE Pierre (dir.), « Les insultes. Approches sémantiques et pragmatiques », *Langue française*, n° 144, déc. 2004.

LARGUÈCHE Évelyne, *Espèce de... ! Les lois de l'effet injure*, Chambéry, Université de Savoie, 2009.

LAUNAY Michel, *Jaurès orateur ou l'oiseau rare*, Paris, Jean-Paul Rocher, 2000.

MÉCHOULAN Éric, *Jules Moch, un socialiste dérangeant*, Bruxelles, Bruylant, 2000.

OGER Claire, « Du "parler cru" à l'insulte : niveaux de violence dans le discours sexiste en politique », dans MOÏSE Claudine *et al.*, *La Violence verbale*, tome 2, Paris, L'Harmattan, 2008.

ROUSSELLIER Nicolas, *Le Parlement de l'éloquence. La souveraineté de la délibération au lendemain de la Grande Guerre*, Paris, PFNSP, 1997.

ROUSSO Henry, *Le Syndrome de Vichy de 1944 à nos jours*, Paris, Le Seuil, 1990.

TILLIER Bertrand, *Cochon de Zola ! ou les infortunes caricaturales d'un écrivain engagé*, Paris, Séguier, 1998.

VEIL Simone, *Les hommes aussi s'en souviennent. Une loi pour l'histoire (discours du 26 novembre 1974, suivi d'un entretien avec Annick Cojean)*, Paris, Stock, 2004.

INDEX DES NOMS DE PERSONNES IMPLIQUÉES DANS DES SITUATIONS D'INSULTES

Anciaux, Jean-Paul (1946-), 257
André, Pierre (1903-1984), 197, 208
Arago, François (1786-1853), 47
Archimbaud, Léon (1880-1944), 175
Argout, Antoine d' (1782-1858), 37, 39-40
Aubert, François d' (1943-), 16, 233, 235-236, 239-240, 243-247
Ayrault, Jean-Marc (1950-), 255

Bachelot, Roselyne (1946-), 265
Baraguey d'Hilliers, Achille (1795-1878), 68
Baroche, Pierre Jules (1802-1870), 72
Barrès, Maurice (1862-1923), 119, 126, 160
Barthe, Félix (1795-1863), 37, 39-40
Barthou, Louis (1862-1934), 160
Barzach, Michèle (1943-), 265
Bas, Pierre (1925-), 220, 230
Bastid, Paul (1892-1974), 264
Bastide, Denise (1916-1952), 194
Bataille, Christian (1946-), 266
Bayrou, François (1951-), 256, 259, 271
Bellenger, Henri (1840 env.- ?), 102
Benoist d'Azy, Denis (1796-1880), 16, 95, 99

Bénouville, Pierre de (1914-2001), 238
Béraud, Henry (1885-1958), 185
Berger, Henry (1920-), 219
Bernard, Charles (1856-1927), 154
Bernis, François Henri Jules de Pierre de (1842-1902), 16, 130-138
Besson, Éric (1958-), 275-276
Besson, Louis (1937-), 227
Billon, Alain (1942-), 248
Billot, Jean-Baptiste (1828-1907), 132
Blanc, Louis (1811-1882), 73, 93-94
Blanc, Maurice (1939-), 228
Blum, Léon (1872-1950), 12, 16, 151, 161-162, 168-169, 171-173, 175-180, 183-186, 265, 269, 286, 293
Bocquet, Alain (1946-), 255
Bolo, Alexandre (1918-1980), 221, 227, 230
Bonaparte, Louis Napoléon, puis Napoléon III (1808-1873), 53, 69-70, 72-73, 75-77, 79-82, 84, 87, 89, 100-101, 198, 262, 269, 282
Bonte, Florimond (1890-1977), 16, 194-195, 202, 205-206, 208, 234
Bouquet, Auguste (1810-1846), 49
Bourson, Pierre (1927-), 226
Boutin, Christine (1944-), 265-266

Bouxom, Fernand (1909-1991), 197
Brisson, Henri (1835-1912), 133-134
Bruyneel, Robert (1905-1999), 200
Bugeaud, Thomas-Robert (1784-1849), 51

Cachin, Marcel (1869-1958), 164
Calas, Raoul (1899-1978), 16, 194, 202-203, 205
Cambadélis, Jean-Christophe (1951-), 254
Caran d'Ache, Emmanuel Poiré dit (1858-1909), 287
Carrel, Armand (1800-1836), 119
Casanova, Laurent (1906-1972), 197
Casimir-Perier, Paul (1812-1897), 109, 137
Cavaignac, Godefroy (1853-1905), 135, 192
Charette, Hervé de (1938-), 257
Chaulin-Servinière, Lucien (1848-1898), 137
Chautard, Bertrand (1912-1998), 207
Chauvelin, François Bernard de (1766-1832), 16, 29
Chebat (?-1898), 140
Chiappe, Jean (1878-1940), 170, 178
Chinaud, Roger (1934-), 228

Chirac, Jacques (1932-), 8, 15, 105, 218, 255
Claretie, Jules (1840-1913), 94
Claudius-Petit, Eugène (1907-1989), 197
Clemenceau, Georges (1841-1929), 12, 35, 97, 106-107, 110-115, 117-126, 129-130, 143, 147, 165, 273
Cohn-Bendit, Daniel (1945-), 271
Colrat, Maurice (1871-1954), 154
Comparini, Anne-Marie (1947-), 267, 271
Constans, Ernest (1833-1913), 108
Coste-Floret, Paul (1911-1979), 206
Cot, Jean-Pierre (1937-), 216
Coty, René (1882-1962), 213
Crémieux, Adolphe (1796-1880), 35
Crémieux, Gaston (1836-1871), 98
Cresson, Édith (1934-), 265

Daillet, Jean-Marie (1929-), 16, 222, 227, 230-231
Daladier, Édouard (1884-1970), 170, 197, 202, 206
Danton, Georges (1759-1794), 29, 79, 198
Daudet, Léon (1867-1942), 160-161, 175, 179
Daumier, Honoré (1808-1879), 37-42, 45-47, 49, 52, 71, 92, 219

Debré, Jean-Louis (1944-), 254
Debré, Michel (1912-1996), 219, 228
Defferre, Gaston (1910-1986), 12, 214, 264, 273
Delahaye, Jules (1851-1925), 113
Delcassé, Théophile (1852-1923), 280
Delescluze, Charles (1809-1871), 93
Demusois, Antoine (1895-1968), 194, 207
Déroulède, Paul (1846-1914), 84, 106-110, 112-113, 115-127, 130, 247, 262, 273
Deschanel, Paul (1855-1922), 126
Devedjian, Patrick (1944-), 267, 271
Deville, Gabriel (1854-1940), 138
Doriot, Jacques (1898-1945), 234
Dreyfus, Alfred (1859-1935), 11-12, 53, 126-129, 132-133, 135, 141-143, 146-148, 175, 286-287
Drumont, Édouard (1844-1917), 113, 126, 147, 174, 181
Duchesne, Albert (1851-1921), 111
Duclos, Jacques (1896-1975), 85, 202, 210, 214
Ducoloné, Guy (1920-2008), 228, 237, 250

Dufaure, Jules (1798-1881), 62-63
Dulong, François-Charles (1792-1834), 51, 119, 273
Dupin, André (1783-1865), 55, 72
Duprat, Gérard (1912-1980), 212, 234
Durroux, Jean (1910-1964), 201

Éluard, Paul (1895-1952), 165
Emmanuelli, Henri (1945-), 254
Erlich, Jean (1884-1965), 166, 182

Faberot, Pascal (1834-1908), 135
Facon, Albert (1943-), 266
Falloux, Alfred de (1811-1886), 77
Feït, René (1920-2003), 221, 227
Ferry, Jules (1832-1893), 110-111
Fillioud, Georges (1929-), 236, 243, 250
Floquet, Charles (1828-1896), 93, 97, 99, 115
Forbin des Issarts, Joseph (1775-1851), 25
Forni, Raymond (1941-2008), 235, 239, 241, 247, 249
Foy, Maximilien (1775-1825), 32
Foyer, Jean (1921-2008), 220-221, 224, 229-230

Frachon, Benoît (1893-1975), 210, 212
Franclieu, Charles de Pasquier de (1810-1877), 99, 101
Fromion, Yves (1941-), 266
Fruchard, Jean-Marie (1786-1872), 16, 37, 39, 48

Galois, Évariste (1811-1832), 119
Gambetta, Léon (1838-1882), 90, 93, 95, 103-104, 107, 112
Garaudy, Roger (1913-), 197, 200
Garcin, Edmond (1917-1999), 235, 239, 241, 247
Garibaldi, Giuseppe (1807-1882), 90-91, 93, 95, 98
Gérault-Richard, Alfred Léon Gérault, dit (1860-1911), 135-137
Giovoni, Arthur (1909-1996), 194
Girardin, Stanislas Xavier (1762-1827), 26
Goncourt, Edmond de (1822-1896), 123
Gosnat, Georges (1914-1982), 202
Goudchaux, Michel (1797-1862), 16, 55, 58-62, 64, 66-68, 268
Grenier, Fernand (1901-1992), 200
Grenier, Philippe (1865-1944), 138, 195, 207, 211
Grévy, Jules (1807-1891), 93
Guadet, Elie (1758-1794), 29

Guérin, Gustave (1873-1951), 170

Guigou, Élisabeth (1946-), 265

Guizot, François (1787-1874), 37, 40, 55-56

Guyot, Raymond (1803-1886), 194, 234

Hamel, Emmanuel (1922-2003), 244

Hamon, Marcel (1908-1994), 194-195, 234

Hayard, Napoléon (1850-1903), 141

Henriot, Philippe (1889-1944), 172, 192-193, 196

Herriot, Édouard (1872-1957), 165, 168, 171, 174-175, 178, 182, 195-197, 200, 203, 212

Hersant, Robert (1920-1996), 239-242

Herz, Cornelius (1845-1898), 113-114, 116, 121

Hollande, François (1954-), 253, 255-261, 263-264, 269, 282

Hugo, Victor (1802-1885), 12, 16, 69-73, 75, 77-87, 102, 158, 277

Hyde de Neuville, Jean-Guillaume (1776-1847), 24-25, 27

Jaurès, Jean (1859-1914), 10, 104, 125, 130-134, 136-138, 143-144, 147, 153, 162, 198, 202, 248

Joffrin, Jules (1846-1890), 108-109, 112

Jouhaux, Léon (1879-1954), 104, 210

Jourdan, Louis (1843-1932), 124

Joxe, Pierre (1934-), 228, 236

July, Pierre (1906-1982), 207

Kahn, Zadoc (1839-1905), 133

Keller, Émile (1828-1909), 91

Labarrère, André (1928-2006), 249

Labbé, Claude (1920-), 248

Laborde, Léo de (1805-1874), 35

La Bourdonnaye, François-Régis (1767-1839), 16, 25-27, 30, 32

La Combe, René (1915-), 228

Laffargue, Jean (1896-1969), 208

Lafont, Ernest (1879-1946), 153

Lagrange, Charles (1804-1857), 16, 64-66

Laguerre, Georges (1856-1912), 109, 119

Langlois, Amédée (1819-1902), 96

Lanjuinais, Paul-Henri de (1834-1916), 146

Lasies, Joseph (1862-1927), 280

Laurent, Augustin (1896-1990), 201

Lecœur, Auguste (1911-1992), 194, 200, 208
Lecourt, Robert (1908-2004), 206
Ledru-Rollin, Alexandre (1807-1874), 62, 102
Lefèvre, André (1869-1929), 153
Lefranc, Serge (1903-2000), 204
Lejeune, Max (1909-1995), 197, 207
Lellouche, Pierre (1951-), 271, 273
Lemercier, Népomucène (1771-1840), 26
Le Pen, Jean-Marie (1928-), 181, 261, 283
Le Petit, Alfred (1841-1909), 142
Lestourgie, Auguste (1833-1885), 95
Liogier, Albert (1910-1989), 220, 226, 230
Loew, Louis (1828-1917), 280
Louis-Philippe Ier (1773-1850), 38, 44, 49-50, 65, 92, 104

Macquet, Benoît (1914-), 227
Madelin, Alain (1946-), 233, 235-236, 238-239, 241, 243-247, 249, 286
Malleret-Joinville, Alfred (1911-1960), 202
Manuel, Jacques-Antoine (1775-1827), 12, 22-34, 42, 203
Marat, Jean-Paul (1843-1893), 29
Marchais, Georges (1920-1997), 239-240

Marrane, Georges (1888-1976), 208
Marrast, Armand (1801-1852), 60
Marty, André (1886-1956), 211, 224
Mauguin, François (1885-1954), 55
Mauroy, Pierre (1928-), 240, 242
Maurras, Charles (1868-1952), 161, 174, 178, 184
Mayer, Armand (1857-1892), 119
Mayer, Daniel (1909-1996), 209
Médecin, Jacques (1928-1998), 222, 230-231
Mélenchon, Jean-Luc (1951-), 271, 273
Méline, Jules (1838-1925), 135-136, 142
Mendès France, Pierre (1907-1982), 284
Mermaz, Louis (1931-), 236
Messmer, Pierre (1916-2007), 216, 218, 224
Michaut, Victor (1909-1974), 202
Michel, Jean-Pierre (1938-), 266
Millerand, Alexandre (1859-1953), 160
Millevoye, Lucien (1850-1918), 109, 122-123
Missoffe, Hélène (1927-), 220, 231
Mitterrand, François (1916-1996), 8, 85, 105, 207, 217,

235, 237-241, 246-247, 252, 269
Moch, Jules (1893-1985), 173, 191-193, 195-196, 200-202, 204, 206, 209-210, 234, 269
Moisan (1907-1987), 219
Montagne, Rémy (1917-1991), 63, 222
Monteil, André (1915-1998), 207
Morès, Antoine Manca de Vallombrosa, marquis de (1858-1896), 119
Moustier, Roland de (1909-2001), 201
Musmeaux, Arthur (1888-1981), 212, 234
Myard, Jacques (1947-), 266

Nadaud, Martin (1815-1898), 268
Nédelec, Raymonde (1915-), 200

Ornano, Michel d' (1924-1991), 242

Paecht, Arthur (1930-), 278
Pajot, Christophe (1844-1929), 138
Paléologue, Maurice (1859-1944), 152
Pelletan, Camille (1846-1915), 110
Péri, Mathilde (1902-1981), 198
Péron, Yves (1914-1977), 195, 201, 207
Perruchot, Nicolas (1966-), 254
Petit, Guy (1905-1988), 206

Peyrat, Alphonse (1812-1890), 96
Peyroles, Germaine (1902-1979), 195, 208
Pichon, Stephen (1857-1933), 106, 118, 121
Pinard, Joseph (1936-), 242
Poincaré, Raymond (1860-1934), 149-151, 153-162, 164-166, 269, 286
Ponchon, Raoul (1848-1937), 11, 147
Poniatowski, Michel (1922-2002), 265
Pronteau, Jean (1919-1984), 210

Queyranne, Jean-Jack (1945-), 247, 249-250

Ralite, Jack (1928-), 227
Ramarony, Jules (1901-1994), 201
Ramette, Arthur (1897-1988), 177, 194, 198
Ranc, Arthur (1831-1908), 112
Ravez, Auguste (1770-1849), 24, 31
Reinach, Jacques de (1840-1892), 113, 124, 126
Reinach, Joseph (1856-1921), 131, 137
Renard, Jules (1864-1910), 10
Ribière, René (1922-1998), 264-265, 273
Robespierre, Maximilien de (1758-1794), 29, 63
Rochefort, Henri (1831-1913), 93, 95-96, 99, 119

Rolland, Hector (1911-1995), 221
Royal, Ségolène (1953-), 267

Salavy, Gustave (1842-?), 141
Santini, André (1940-), 282
Sarkozy, Nicolas (1955-), 7-8, 86, 181, 257, 261-262, 266, 284
Schuman, Robert (1886-1963), 190-192, 195-196, 202, 269
Schwartz, Gilbert (1911-1993), 226
Sébastiani, Horace (1772-1851), 32
Servin, Marcel (1918-1968), 194
Signor, Alain (1905-1970), 207
Soustelle, Jacques (1912-1990), 227

Taittinger, Pierre (1887-1965), 157, 172, 216
Tardieu, André (1876-1945), 156
Teitgen, Pierre-Henri (1908-1997), 206
Thiers, Adolphe (1797-1877), 37, 40, 55, 63, 69, 73, 93, 95, 103, 198
Thiriet, Jules (1906-1984), 208
Thorez, Maurice (1900-1964), 201, 207, 209-211
Tillon, Charles (1897-1993), 194, 234
Toubon, Jacques (1941-), 233, 235-236, 238-239, 241, 244-248, 250, 286

Trautmann, Catherine (1951-), 265
Tristan Bernard, Paul Bernard dit (1866-1947), 165

Vaillant-Couturier, Paul (1892-1937), 149-151, 153-158, 162-163, 165-166, 183, 286
Valfons, Camille de, marquis (1837-1907), 99
Vallat, Xavier (1891-1972), 16, 169, 171-186, 197
Vallé, Ernest (1845-1920), 280
Vallès, Jules (1832-1885), 99, 104
Vergniaud, Pierre Victurnien (1753-1793), 29
Viennet, Jean-Pons-Guillaume (1777-1868), 10, 16, 37, 46-48, 50
Villèle, Joseph de (1773-1854), 28
Villepin, Dominique de (1953-), 12, 253-255, 257-263, 265, 267-269, 276, 281
Villon, Pierre (1901-1980), 194, 200
Viollette, Maurice (1879-1960), 200-201
Viviani, René (1863-1925), 154
Vivien, Robert-André (1923-1995), 239, 244, 248, 250

Zola, Émile (1840-1902), 11, 53, 92-93, 104, 126, 129, 132, 135-136, 138, 140-143, 147-148, 153, 244

Table

Introduction. Du Salon aux Chambres 7
1. L'insulte en questions.................................... 15
2. La Révolution dans l'hémicycle 22
   Violence courtoise de l'insulte (1823)
3. Les ventrus de Daumier 37
   L'insulte en images (1834)
4. Goudchaux, le mot de trop 55
   L'insulte, aubaine et symptôme (1848)
5. La très longue vie de « Napoléon le Petit » ... 70
   Victor Hugo ou l'art de l'insulte (1851)
6. Haro sur les « ruraux »................................. 88
   *Insultes républicaines contre la France
   des châteaux (1871)*
7. La chasse au Tigre....................................... 106
   *Clemenceau : du K-O verbal au K-O politique
   (1892-1893)*

8. La haine générale 128
  L'insulte au cœur de l'affaire Dreyfus (1898)

9. Les communistes contre « Poincaré-la-Guerre » 149
  L'insulte pour serrer les rangs (1922)

10. « Pour la première fois, ce vieux pays
  gallo-romain... ».. 168
  Insulte et exclusion de l'autre (1936)

11. La guerre sociale à la Chambre ? 188
  L'insulte au service du parti (1947)

12. L'IVG, la ministre et la meute.................................... 214
  Insulte, mépris et sexisme (1974)

13. Les trois censures.. 233
  L'Assemblée malade de l'insulte ? (1984)

14. Beaucoup de bruit pour rien ?................................... 253
  Insulte et virilité (2006)

CONCLUSION. Eaux calmes.. 271

Remerciements 289
Sources 290
Bibliographie 292
Index.. 296

Pour l'éditeur, le principe est d'utiliser des papiers composés de fibres naturelles, renouvelables, recyclables et fabriquées à partir de bois issus de forêts qui adoptent un système d'aménagement durable.

En outre, l'éditeur attend de ses fournisseurs de papier qu'ils s'inscrivent dans une démarche de certification environnementale reconnue.

*Cet ouvrage a été composé
par Nord Compo à Villeneuve-d'Ascq
et achevé d'imprimer en France
par CPI Bussière
à Saint-Amand-Montrond (Cher)
pour le compte des Éditions Stock
31, rue de Fleurus, 75006 Paris
en février 2010*

Imprimé en France

Dépôt légal : mars 2010
N° d'édition : 01 – N° d'impression :
54-07-6313/8

www.ingramcontent.com/pod-product-compliance
Lightning Source LLC
Chambersburg PA
CBHW050432240426
43661CB00055B/2350